中国共産党帝国とウイグル

橋爪大三郎 Hashizume Daisaburo
中田考 Nakata Ko

a pilot of wisdom

Uyghur And The Chinese Communist Empire
by
Daisaburo Hashizume and Ko Nakata
Shueisha Publ. Co. Ltd., Tokyo 2021:09

はじめに

橋爪大三郎

習近平[*1]政権の、正体は何か。

世界をこれから、どうやってひっかき回すのか。習近平政権もやがて退場するとして、その後どんな中国が現れるのか。二一世紀の人類社会にとって、目の離せない大問題だ。

＊

中国はとにかく、巨大である。

経済はまもなく、アメリカを追い越す。実質的には、とうに追い越している。人口は、アメリカのおよそ五倍もある。人類の五人に一人が中国人、なのだ。その中国を中国共産党の、党中央が動かしている。中国の指令塔だ。党中央は、小さい。ひと握りのトップリーダーの集ま

＊1　**習近平**　一九五三年生。陝西《せんせい》省出身。父親は党中央幹部の習仲勲。清華大学卒業。二〇一二年、中国共産党総書記に就任。

りだ。それに比べて、中国は大きい。巨大な図体《ずうたい》に、小さな頭脳がついている。党中央が指示する。人びとはその言うことを聞く。党中央は、人びとの言うことを聞かない。党中央が、一方的に、巨大な中国を動かしている。党中央が何を考えているか。――これが、中国のこれからを占う急所である。

＊

党中央が何を考えているかで、中国は引きずり回された。反右派闘争[*2]がそうだった。大躍進[*3]がそうだった。文化大革命[*4]もそうだった。人びとは指示されるまま、政治運動に明け暮れ、気がつけば何千万人もが命を落とした。数えきれない人びとが、毛沢東[*5]の気まぐれな指示によって、人生を狂わされた。

改革開放も、党中央のかけ声で始まった。天安門事件[*6]の弾圧も、党中央の指示で起こった。江沢民《こうたくみん》[*7]も胡錦濤《こきんとう》[*8]も、党中央と鄧小平《とうしょうへい》[*9]が抜擢《ばってき》してリーダーとなった。習近平は、毛沢東、鄧小平に次ぐ、中国共産党の三代目のドン（大ボス）である。習近平が何をどう指示するかによって、これからの世界は左右されてしまう。

＊

習近平の頭の中身はどうなっているか。これを読み解くことが緊急の課題だ。

そのちょうどよいテストケースが、ウイグル問題である。新疆《しんきょう》ウイグルのウイグル人[*10]は、

＊2　反右派闘争　一九五七年から展開された政治闘争。多くの人びとが右派分子として摘発された。僻地に送られ命を落とした者も多かった。

＊3　大躍進　一九五八年から毛沢東が発動した、農業と工業の大増産運動。無謀な計画のため大飢饉が起こり、数千万人が命を落とした。

＊4　文化大革命　一九六五年に毛沢東が開始し、およそ一〇年続いた政治闘争。劉《りゅう》少奇《しょうき》ら多くの党幹部を打倒した。紅衛兵が党幹部を攻撃し、やがて都市部の青年は農村部にやられた。混乱の中、数千万人が命を落とした。

＊5　毛沢東　一八九三年生─一九七六年没。湖南省出身。一九二一年、中国共産党の創立に参加。長征や国共内戦を経て、中華人民共和国を建国。党主席として新中国に君臨。

＊6　天安門事件　一九八九年六月四日に天安門で起きた事件。第二次天安門事件、六・四事件とも。人民解放軍が、自由化を求める学生に銃口を向け、多数の死傷者を出した。

＊7　江沢民　一九二六年生。江蘇《こうそ》省出身。天安門事件後、鄧小平に抜擢され党総書記となった。

＊8　胡錦濤　一九四二年生。安徽《あんき》省出身。清華大学卒業。二〇〇二年、党総書記に就任。

＊9　鄧小平　一九〇四年生─一九九七年没。四川省出身。フランスに留学し入党、周恩来の後輩。党中央の要職に就くも、文化大革命で失脚。文革の後、華国鋒に代わり中国の最高指導者に。

中華人民共和国に編入されている。けれども、ひとつの民族として、自立を保ってきた。独自の言語や宗教や歴史を持ち、漢族とは違った社会を営んでいる。

習近平政権になってから、ウイグル人に対する締めつけが一段と強まった。アメリカ政府によれば、「ジェノサイド」（民族大虐殺）である。世界の非難が集まっている。けれども、習近平政権は意に介する様子がない。

これには、はっきりした意図がある。人権を蹂躙《じゅうりん》し、人命を犠牲にし、これだけのことをやるからには、よほど大きな目的や意図があると考えなければならない。ウイグル問題を手がかりに、習近平の頭の中身を、合理的に読み解かなければならない。

*

習近平は、父親が共産党の指導者だった。こういうタイプの党幹部を、中国では「太子党」という。薄煕来《はくきらい》*11も、李鵬《りほう》*12も、太子党である。習近平の父親は、習仲勲《ちゅうくん》。延安の指導者を振り出しに、毛沢東の信頼を得て、副総理にもなった。何度も失脚して苦労した。

習近平が現れたとき、ソフトな人物ではないか、という観測があった。父親が文革で打倒され、本人も巻き添えで苦労したので、中国共産党の強権的な体質には批判的だろう、というのだ。ところが正反対。誰よりも強権的な体質だった。

習近平が最高指導者に抜擢されたのは、こうした彼の素質が党中央に必要だと、老幹部らが見ていたからだろう。西側世界の想像を超えた、中国共産党の本質がにじみ出ている人事だ。

＊

中国は巨大である。それに比べて、党中央はきわめて小さい。確かに党中央が指示を出し、人びとはそれに従う。でも党中央が、何から何まで細かく指示するわけではない。大事なことは党中央が決めるのだとしても、たいていのことは、指示されなくても人びとが勝手に実行する。党中央とそのほかの多くの人びとは、暗黙の前提や共通の了解に従っている。

こうした前提や了解は、必ずしも意識されない。無意識である。西側世界から見ると、中国独特のやり方に見える。習近平政権を読み解くには、党中央が明示的に意識していること（秘

＊10 **ウイグル人**　トルコ系の民族。中国語の表記は「維吾爾」、「回紇」。新疆ウイグル自治区を中心に居住。人口は約一〇〇〇万人。

＊11 **薄煕来**　一九四九年生。父親は党中央幹部の薄一波《はくいっぱ》。重慶市書記となり大衆に人気の政策を進め習近平のライバルと目された。二〇一二年にスキャンダル発覚、無期懲役判決を受け服役中。

＊12 **李鵬**　一九二八年生―二〇一九年没。上海《シャンハイ》出身。周恩来の養子の一人。一九八八年、国務院総理となり、天安門事件の弾圧を主導した。

密にしていることがらが多い）に加え、党中央と多くの人びとが分けもっている暗黙の前提や共通の了解も、つきとめることが大切である。

党中央を指令塔とし中国共産党が率いる中国を、「中国共産党帝国」と呼ぼう。党中央も中国の人びとも、自分自身がどういう価値観や行動様式に従っているのか、必ずしも意識していない。理解してもいない。それを第三者である我々が、明確な言葉にする。中国共産党帝国とつきあう第一歩は、これである。

＊

中国が世界のほかの国々や人びとと、違っていても当然である。どの国々のどの人びとも、ほかと違っているのだから。問題は、第一に、中国のサイズが巨大であること。第二に、中国はさまざまな民族を含む多様な社会のはずなのに、その多様性を認めず、多数派の漢民族に同化させる政策を強引に進めていること。第三に、世界がそのことを指摘し非難しても、反省するどころか、いっそう暴力的に弾圧を強化していること、である。

中国がこのような「中国共産党帝国」としてふるまっていることに、世界は困惑している。何が起こっているのか、理解したいと思うだろう。本書が、その理解の手助けとなるとよいと思う。

＊

中国が進める「新時代の中国の特色ある社会主義市場経済」とは、何だろうか。中国が追い求める「中国の夢」とは何だろうか。

中国の人びとは、「自分たちは中国人だ」と考える。「中国は正しくて立派だ」とも考える。このような考え方を、ナショナリズムという。ここまでは、ほかの国々と同じである。

でも中国は、ナショナリズムの枠をはみ出している。自信満々なのはよいが、それが度を越している。世界を自分のやり方で、仕切ろうとしている。その昔、中華帝国は、周辺の異民族を一段低く見て、蛮族扱いした。中国には皇帝がいて、周辺諸国には王がいる。対等な国際関係、という考え方がなかった。今でもそう思っているのかもしれない。

中国の考え方や行動様式は、確かにナショナリズムではあるのだが、ナショナリズム以上。これを、ウルトラ・ナショナリズムということができる。

かつて、大日本帝国が、東アジアで暴れ回った。周辺の国々よりも偉い、「アジアの盟主」を自任していた。ナショナリズムであるのに、ナショナリズム以上。つまり、ウルトラ・ナショナリズムだった。今の中国は、これと似ていないか。

大日本帝国は、国際社会のガン細胞だった。外科手術でおとなしくさせた。

中国共産党帝国も、国際社会の頭痛の種になっている。この先、どうすればよいのか、みんなが頭をひねっている。

＊

中国の困った現状について、ウイグルを切り口に、話し合おう。対談の相手は、中田考先生。これは面白くなる、と直観した。

中田先生は、イスラームの信仰を持った、イスラーム研究者。日本では貴重な存在だ。私は、社会学が専門で、中国にも興味と関心を持ってきた。中国について何冊か本を書いた。イスラームと中国が交叉《こうさ》する、この絶妙な（そして深刻な）テーマについて、中田先生と私は、手持ちの道具を総動員して、考えられる限りを考えてみた。

互いに違った背景をもつもの同士が、真剣に言葉を交わすのは楽しい。その楽しさが、文字を通して読者の皆さんに伝わるのなら、うれしい。

＊

新疆ウイグルで深刻な人権侵害が行なわれていること。そして、その責任は中国にあること。このことは、誰の目にも明らかである。

問題はその先だ。

中国は言う。これは、中国の「国内問題」である。新疆ウイグルを、中国は実効支配している。統治権は中国にある。国際社会も、そのことは認めるはずだ。中国の人びとの平和と安全と幸福に、中国政府は責任を持っている。中国政府は中国の法律に基づいて、法を破った人びとを取り締まったり処罰したり、しかるべき行政措置を施したりしているだけである。

世界の人びとは言う。これは「人権問題」である。人権は、人間の一人ひとりに与えられた神聖な、普遍的な価値であって、どんな政府も奪うことができない。また、奪ってはならない。もしもある政府が、人権を侵害すれば、その政府は正統でない。だから非難されて当然だ。国際社会の名誉あるメンバーとして扱われると、期待しないほうがよい。

世界の国々は、まず言論で非難する。次に、制裁を科す。制裁は、効果があるかどうかわからない。昔なら、戦争になることもあった。今は、戦争は最後の手段だ。それに、中国を相手に戦争をしても勝てる見込みがない。

それでも忍耐強く、関心を持ち続ける。調査を続ける。報道を続ける。非難を続ける。制裁を続ける。苦しむ人びとのためにできることがあれば、支援を続ける。――世界の国々が最低限やるべきなのは、こうしたことだ。日本もその列に加わるべきなのは、もちろんである。

本書がそうした人権を守る世界の人びとの努力の、一環になることを願う。

目　次

第一章

中国新疆でのウイグル人弾圧

ئىناقلىق، مۇقىملىق ـ ئامەت، بۆلگۈنچىلىك، بۇزغۇنچىلىق ـ ئاپەت
和谐稳定是福　分裂破坏是祸

2014年、新疆ウイグル自治区での反テロリズム宣誓集会でウルムチ市内を通過する警察車両のスローガン「調和と安定は福、分裂と破壊は禍である」

写真=ロイター/アフロ

ウイグルの惨状はどう報じられている?

——ここ数年、複数の世界の報道機関が、中国北西部の新疆ウイグル自治区で、一〇〇万人を超えるウイグル人とその他イスラーム教徒の少数民族が、「再教育」の名目で収容施設に身柄を拘束されているとして、その危機的な惨状を報じています。これに加えて、英国BBCなどのさらなる詳細な告発報道によって、これらの少数民族コミュニティが、暴力や虐待、拷問の犠牲となり、女性たちが強制的に不妊手術を受けさせられている実態が明らかになりつつあります。こうした収容施設から奇跡的に逃げ延びたウイグル人女性の告発によって、当局の暴力は、多数の人びとの強制収容や強制労働、強制的な不妊手術や妊娠中絶にとどまらず、施設内でのレイプや性的暴力、拷問が横行していることも明らかになっています。

いっぽう、こうした告発内容を中国共産党は一切否定し、事実を認めるどころか「少数民族の人権は守られており、荒唐無稽なデマだ」と反論し、懸念を示す国々に「内政干渉だ」と開き直っています。アメリカ政府は、中国共産党のこうした残虐行為を、もはや民族浄化、ジェノサイド（民族大虐殺）であると認定し、イギリス議会では「ウイグルに対するジェノサイド」と認定し、イギリス政府への動議を可決するなど批判の度を強めています。

さらに中国共産党は、自国の武漢が全世界を震撼《しんかん》させている新型コロナの発生地となったにもかかわらず、世界に先駆けて感染封じ込めに成功したと喧伝《けんでん》。パンデミックで弱体化する世界経済の中で、壮大な「中国の夢」の実現に向け、「一帯一路」[*1]の構想で強大な経済テリトリーの形成を強化しようとしています。また、習近平体制は、「ひとつの中国」を完遂させるため、二〇二〇年には強大な警察力と強引な法律制定で香港《ホンコン》の人びとを制圧し、次の食指を台湾にも伸ばそうとしていると報じられています。

中国共産党、習近平は、いったい何を目指しているのか。世界の国々が注視し、非難するにもかかわらず、なぜここまで人権を無視して横暴を重ねるのか。中国共産党の本意はどこにあるのか？　世界三位の軍事大国となった中国は、いまやアメリカやロシアと対等に肩を並べる勢いで、世界の覇権を手にしようとしているようです。

こうした中国の動向、被害に遭っている新疆のウイグル人やほかの民族集団の状況を、世界の国々はどうとらえ、どう報道しているのか。その論調から、今の中国に対する各国の対応姿勢も見えてくると思います。欧米諸国など、主に英語圏の論調は橋爪先生にご教示いただき、

＊1　一帯一路　習近平体制で進行中の、アジア、ヨーロッパ、アフリカ大陸をまたぐ経済圏構想。

英語圏メディア、団体による新疆ウイグル自治区、ウイグル人をめぐる主な報道、報告

＊英文記事は見出しを邦訳しています。
＊要会員登録、有料で閲覧可能なものがあります。
＊媒体の掲載期間、都合で閲覧できない場合があります。2021年8月現在

2015年12月28日 BBC NEWS JAPAN

中国で反テロ法が成立　少数派締め付けに懸念

https://www.bbc.com/japanese/35188103

2018年2月2日 BBC NEWS JAPAN

「いっそ妻と母を撃ち殺してくれ」
亡命ウイグル男性

https://www.bbc.com/japanese/video-42913659

2018年8月14日 BBC NEWS JAPAN

中国、ウイグル人100万人拘束を否定
国連人種差別撤廃委

https://www.bbc.com/japanese/45178502

2018年9月11日 BBC NEWS JAPAN

国連、中国政府がウイグル人100万人拘束と批判

https://www.bbc.com/japanese/video-45480237

2018年10月15日 BBC NEWS JAPAN

中国、ウイグル人「再教育」を法制化

https://www.bbc.com/japanese/45859761

2018年12月1日 CNN.co.jp

中国の公務員はなぜウイグル族の家庭を喜んで占拠するのか

https://www.cnn.co.jp/world/35129485.html

2019年5月22日 ニューヨーク・タイムス

中国の、ハイテク監視を駆使してマイノリティを制圧する方法

https://www.nytimes.com/2019/05/22/world/asia/china-surveillance-xinjiang.html

---

2019年7月5日 BBC NEWS JAPAN

多数の子どもを家族から引き離し、寄宿校に隔離
中国・ウイグル自治区

https://www.bbc.com/japanese/features-and-analysis-48880066

2019年6月24日 BBC NEWS JAPAN

中国・ウイグルの「再教育」収容所で真実を追う

https://www.bbc.com/japanese/features-and-analysis-48740851

2019年11月16日 ニューヨーク・タイムス

新疆文書「絶対に容赦しない」
流出したファイル中国はムスリムの大量拘束を
どのように組織しているのかを暴露

https://www.nytimes.com/interactive/2019/11/16/world/asia/china-xinjiang-documents.html

---

2019年11月25日 BBC NEWS JAPAN

後頭部に電気ショックを……中国のウイグル人収容所で

https://www.bbc.com/japanese/video-50541622

2019年11月25日 BBC NEWS JAPAN

中国政府、ウイグル人を収容所で「洗脳」　公文書が流出

https://www.bbc.com/japanese/50542004

2019年11月26日 BBC NEWS JAPAN

「中国はウイグル自治区に国連監視団受け入れよ」　英が要求

https://www.bbc.com/japanese/50554897

2020年3月1日 オーストラリア戦略政策研究所

ウイグル・フォー・セール 「再教育」、
新疆を超えた強制労働と監視

https://www.aspi.org.au/report/uyghurs-sale

2020年3月18日 オーストラリア戦略政策研究所

あなたのお気に入りのナイキは、
強制労働で作られているかもしれません。
その理由は次のとおりです。

https://www.aspi.org.au/opinion/your-favorite-nikes-might-be-made-forced-labor-heres-why

---

2020年9月24日 ガーディアン

中国、新疆ウイグル自治区380か所の強制収容所を建設。
調査で判明

https://www.theguardian.com/world/2020/sep/24/china-has-built-380-internment-camps-in-xinjiang-study-finds

---

2020年5月1日 Business & Human Rights Resourse Centre

中国：新疆ウイグル自治区出身の少数民族の、
省を越境した工場での強制労働に関する報告に関連する
83のブランドと当該会社のこの問題に対する回答

https://www.business-humanrights.org/en/latest-news/china-83-major-brands-implicated-in-report-on-forced-labour-of-ethnic-minorities-from-xinjiang-assigned-to-factories-across-provinces-includes-company-responses/

2020年6月29日 AP通信

中国、避妊、中絶、不妊手術でウイグル人の出産を削減

https://apnews.com/article/ap-top-news-international-news-weekend-reads-china-health-269b3de1af34e17c1941a514f78d764c

---

2020年7月20日 BBC NEWS JAPAN

駐英中国大使、BBC番組でウイグル人の強制収容否定

https://www.bbc.com/japanese/video-53465253

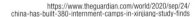

2020年8月2日 CNN.co.jp

中国政府による強制不妊と虐待、ウイグル女性が語る「地獄」

https://www.cnn.co.jp/world/35157593.html

2020年10月17日 The Economist

ウイグル人の迫害は人道に対する罪

https://www.economist.com/leaders/2020/10/17/the-persecution-of-the-uyghurs-is-a-crime-against-humanity

---

2020年12月17日 LAタイムス

「彼らは私たちを生かしておいてくれるでしょうか?」
新疆ウイグル自治区内で強制収容所の生還者が語る

https://www.latimes.com/world-nation/story/2020-12-17/china-xinjiang-uighurs-muslim-minority-camps

---

2021年1月20日 BBC NEWS JAPAN

米国務長官、中国はウイグル族を「集団虐殺」と非難

https://www.bbc.com/japanese/55729880

2021年2月5日 BBC NEWS JAPAN

ウイグル女性、収容所での組織的レイプをBBCに証言
米英は中国を非難

https://www.bbc.com/japanese/55945241

2021年2月12日 BBC NEWS JAPAN

中国、BBCワールドニュースの国内放送を禁止
ウイグル報道など受け

https://www.bbc.com/japanese/56035986

2021年2月20日 CNN.co.jp

「手足に鎖の生徒」と「集団レイプ」、
女性たちが証言する中国の収容施設の内側

https://www.cnn.co.jp/world/35166769.html

2021年3月10日 CNN.co.jp

専門家らが中国のウイグル族弾圧に関する報告書発表、
「ジェノサイド」と断定

https://www.cnn.co.jp/world/35167599.html

2021年3月13日 BBC NEWS JAPAN

中国、ウイグル族を遠方で働かせ「同化」進める
大がかりな施策が判明

https://www.bbc.com/japanese/features-and-analysis-56369796

2021年3月23日 BBC NEWS JAPAN

欧米、中国に制裁を発動　ウイグル族への「人権侵害」で

https://www.bbc.com/japanese/56492491

2021年4月23日 CNN.co.jp

英下院、中国のウイグル族処遇をジェノサイドと認定

https://www.cnn.co.jp/world/35169817.html

2021年5月17日 BBC NEWS JAPAN

中国、イスラム教指導者を標的に　新疆のウイグル族弾圧

https://www.bbc.com/japanese/features-and-analysis-57135818

2021年6月8日 BBC NEWS JAPAN

中国の人口政策で、ウイグル族の出生数が数百万減少も=研究

https://www.bbc.com/japanese/57395457

人権団体のサイト

＊「新疆」「ウイグル」で検索すると関連調査記事が閲覧できます。

アムネスティ・
インターナショナル

https://www.amnesty.or.jp/

ヒューマン・
ライツ・ウォッチ

https://www.hrw.org/ja

サウジアラビアをはじめとした湾岸諸国の論調、トルコ・カタールの論調など、イスラーム圏は中田考先生に調べていただきましたので、その概況と分析をお願いしたいと思います。

沈黙するイスラーム

中田　私の扱っている中東に関していえば、権威主義体制の国が多く、そもそもメディアの取材、報道の自由が非常に限られていますので独自の情報、記事があまりありません。中東の報道といっても、ほとんどは欧米の報道の焼き直しです。日本ではほとんど報じられていませんが、伝わってきたものに関してもずいぶんバイアスがかかっていますので、現地体験がないとわからないことが多いと思います。中国もそうですが、イスラーム世界も非常に言論統制が厳しいので、メディアを見ただけではまったくわからないのが現状です。

例えば、二〇一九年からこの二年ぐらいの間にトルコが中国と急接近していると言われています。実はトルコには多くのウイグル人がいて、新疆のウイグル人を救うべくウイグル人自身による活動も行なわれているのですが、トルコ当局は、中国との関係を鑑《かんが》みてウイグル問題については口をつぐんでいるという状況が続いています。ですからイスラームの関係者と情報交換をしたり、現地に行かないと裏でどんな動きがあるかということもまったく見えてこないのが現状です。

ほとんど肩透かしのようですが、イスラーム世界はウイグル問題について沈黙をしているとはこれまでからずっと言われてきており、その状況は変わっておりません。アメリカのリークの後は、イスラーム世界でも新疆ウイグルに関してある程度報道はありますが、それも欧米メディアの報道を論評も加えずにそのまま流しているだけで、それ以上のものではありません。報道面では、アラブとイランも、トルコと同じようなものです。

アラブの場合は大きく分けて、湾岸諸国などの、イデオロギー的に西側世界に近い資本主義体制側のメディアと、パレスチナ問題などを筆頭に扱う昔の旧ソ連の同盟国の左翼系のメディアとがあるんですが、どちらを読んでみても、その点では変わりません。この問題に関してはほとんどスルーしているに近い。

アルジャジーラ[*2]だけが唯一の例外ですが、そもそもアラブでは、メディアだけではなく政府も含めて、アジアで活動している独自の諜報《ちょうほう》機関というか情報機関を持っていません。

ですから言うまでもなく、一次情報をとれないわけです。例えばＣＮＮやＢＢＣも、日本だと毎日新聞や西日本新聞も中国への現地取材を敢行していますが、そうした取材活動でアラブ人の有名な記者なんて一人もおりませんし、それはイランもトルコも同じです。制度的支えもありませんし、個人レベルでもそういう人がいません。イスラーム世界において、特に中東の人たちは、政治的な問題を除いたとしても、あまり中国関連の問題に関心がない。関心があっても、非常に表層的でしかないというか、あそこではムスリムの虐待があってけしからんという、その程度以上の深い考察はない。ウイグル問題が事実レベルで知られていないこと、さらには無関心という非常に残念な概況にあります。

——近年は中国の経済力増大を受けて、イスラーム世界での中国批判はあまり聞かれませんが、二〇〇九年にウイグル自治区で騒乱があり、それを中国共産党が鎮圧した際に、トルコのエルドアン大統領[*3]や当時の外相ダウトオウル[*4]が、中国に懸念を示したという事実もありますが。

中田　その後で経済状況が悪化したこともあって中国に懐柔されたと言われています。しかし、実際には水面下では、両国の間で激しい駆け引きがあり、そう簡単な話ではありません。中国政府が最重要指名手配犯としてトルコに引き渡しを要求しているアブドゥルカーディル・ヤプ

＊2　アルジャジーラ　一九九六年、アラビア語のニュース専門チャンネルとしてカタール政府および同国首長などの資金により設立。二〇〇六年に英語放送を開始。本拠地を首都ドーハに置き、世界各地に三〇以上の支局を持つ。一九九九年から二四時間放送を実施。

ジャンを例に説明しましょう。ヤプジャンはアメリカやＥＵもテロ組織に指定している中国の反体制派組織「東トルキスタン・イスラーム運動」[*5]の幹部であり、一九七三―一九七九年、一九九三―一九九六年とさまざまな容疑によって中国で投獄されていましたが、釈放後すぐに中国を脱出しパキスタン、サウジアラビアを経由して二〇〇一年にトルコに亡命。二〇〇七年に国連難民高等弁務官事務所（ＵＮＨＣＲ）から難民として認定されています。中国政府の圧力によりトルコは二〇〇二年と二〇〇八年に彼を拘束しましたが釈放されています。二〇一六年に中国で開催されたＧ20サミットに出席したトルコのエルドアン大統領は習近平国家主席に、トルコは自国の領土で中国の安全保障を害する行為を許さないとのべ、ヤプジャンもまた拘束されました。中国政府はその後もヤプジャンらの引き渡しを求め続けており、二〇一七年五月一三日にはトルコは中国と犯罪者引き渡し協定に署名したため、ヤプジャンらのウイグル人の政治犯が中国に送還されるのではとの憶測が飛び交いましたが、トルコ政府は繰り返し否定しています。ヤプジャンは四年にわたって自宅軟禁状態にありましたが、二〇二一年にはトルコの裁判所が保護観察処置を取り消す判決を下しています。

いっぽう、民間のイスラーム団体は、世界イスラーム連盟（ＭＷＬ）などがいろいろな声明を出していますが、いわゆるガス抜き以上の意味はありません。もともとムスリム・マイノリティ・ソサエティなどと名乗る団体はムスリム諸国にはたくさんあって、中国におけるウイグル人の弾圧なども定期的にずっと報告されてはいるのですが、イスラーム世界の内部でも政治的影響力はほとんどありません。それだけイスラーム世界自体が強権的な体制であるということです。

では、いったい民間のマイノリティ支援組織自体は何をやっているのかと言われると、これはもうほとんど何もやっていないという、弾圧されている人びとにとっては厳しい状況だと言えるでしょうね。

＊3　レジェップ・タイイップ・エルドアン　一九五四年生まれ。イスタンブール出身。トルコ大統領。公正発展党（AKP）党首。スンナ派世界においてカリスマ性を示している。

＊4　アフメト・ダウトオウル　一九五九年生まれ。コンヤ県出身。トルコ外務大臣、首相、公正発展党党首を経て二〇一九年、未来党議長に就任。著書に『文明の交差点の地政学―トルコ革新外交のグランドプラン』（中田考監訳、書肆心水、二〇二〇年）。

＊5　東トルキスタン・イスラーム運動（ETIM）　東トルキスタン（新疆ウイグル自治区）の中国からの独立を目的とする運動組織。中国以外にアメリカ、国連からもテロ組織に指定。

西側は中国を批判

橋爪　アラビア語をはじめ、イスラーム圏の情報には、表層的なものしかないというお話でした。本書の20～24ページにまとめてあるとおり、英語圏のものは膨大にあります。いろいろなニュースソースがあるわけですが、情報が手に入れれば、必ず政府が文書をつくり、新聞、テレビ、ケーブルニュースなどのマスメディアにも情報が流れる。最近はウェブにも情報が出てくるので、とても追い切れないぐらいの情報です。

なぜこれだけの情報があるのか。関心があるから報道をするわけです。なぜ関心があるかと言えば、法に基づかない逮捕や虐待、拷問、監禁、殺人といった、明白なルール違反と迫害があるから。これが、西側世界の基本的なスタンスです。つまり、ノーマルな状態ではないとみなされているのです。

では、ノーマルな状態とはどういうものか。まず法の支配がある。刑法があり、政府を縛る憲法があって、人びとは法に従って行動し、そして、政府も法に従って行動する。政府も国民も、法に従って行動するという義務を果たしていれば、ノーマルな状態であると言えます。

ときには誰かが、過失か故意によってか、法に触れるという事態が起こります。そうすると、犯罪になったり、紛争になったり、事故になったり、いろいろな出来事が生じますね。法に違反したらどうなるか。司法手続きが発動されて、裁判になる。法に照らして、暴力ではなくロジックによって、正しさを判定する、それが裁判です。その正しい状態を復元するために、政府が責任を持ってその状態を実現する。その判決を担保するためだけに、実力行使や武力が使われるわけです。そしてその正しさを判定する手続きと、暴力は独立している。これが西側の世界のノーマルな考え方です。

では、アブノーマルとはどういう状態か。まず正しさを判定する法律が機能していない。何が正しいかを権力や暴力が決めたりする。法によらないで政府が、ほかの主体（個人）の財産を奪ったり、安全を奪ったり、自由を奪ったり、命を奪ったり……が横行している。これは完全にアブノーマルな状態なので、非難とともに報道されることになる。報道しても、責任者が責任を認めなかったり、謝罪しなかったりすると、スキャンダルになって、さらに大きく報道される。わが政府はなぜ抗議をしないのか。なぜこんなひどいことが起こるのか。似たようなことが前に起こっていないか。そういうことを詳細に調べ上げるので、情報はどんどん膨大になっていきます。

ではどうする。ともすると膨大な情報に埋もれそうになりますが、基本の考え方は、西側世界が報道しているスタンスを読み取ること。ノーマルな状態に戻すにはどうすればいいかを考えることです。

ノーマルな状態の根底には、人権があります。人権とは、本来説明できないものです。仮説構成体です。物理学なら、質量とか電荷とか磁場とかいろいろ仮説構成体がありますが、何でそんなものがあるのかといっても説明できません。でも、そういうものがあることにすると、そこから先の議論は非常にスムーズに進むんですね。

物理学では、質量がないことにするのはほぼ不可能。人権はそこが微妙で、人間に人権がそなわっているかは証明できない。でも、そういう前提で考えるんです。なぜそうした前提で考えるのか。それはキリスト教が世俗化し、一六、七世紀にいろんな思想が出てきて、人間に人権があることにしようと西側世界で意思一致が成立し、その前提に基づいて近代国家がつくられてきたからです。だから、この発想から外れることができないんですね。人権はすべての人にあるもので、普遍的価値であるとする考え方です。でも、これはキリスト教の伝統から出てきたもので、キリスト教的であるとも言える。

そこで中国は、人権問題を指摘されると、ああ、そうですか、私たちは私たちなりのやり方で人権を守っていますよ、と言う。彼らは犯罪者なので、法に則《のっと》って裁いているだけですよ、とも言う。あるいはもっと開き直って、人権無視などと騒ぐが、それは西側の考え方だろう、自分たちには自分たちなりの「中国の特色ある」考え方があって、そういう国づくりをしているんだから文句言うな、という文明論にしてしまう。

中国語圏で政府系の文書はいろいろありますが、新疆ウイグルの件に関していえば、おおむねこうしたパターンの言論が多い。批判されたから反論しているわけで、批判されなければ、自分からは何も言わない、そういうタイプの言論が大部分ですね。

中国では言論統制が常に敷かれていて、党中央の文化部がすべてコントロールして検閲していますから、それ以外の情報が出てくるのはほぼ不可能です。香港は昔、自由があったからいろんなことが言えましたが、今はもう言えなくなりました。

アメリカにいる中国系の人びとのメディアがあります。アメリカ人や西側世界の人びとが言うのとだいたい同じようなことを、中国語でのべているのが多い。

日本のメディアは、西側の言論を引用するものが主です。あまり文脈がわかっていないという感じのものも多い。

日本の政府は、ウイグル系の人びとを国外追放していないという点は大変よいのだが、それを国民に説明したり、明確な原則に基づいてそうしているとのべたりしているかといえば、そうではないので、今後どうなるかよくわからないという点があります。つまり、言論としては低調だと思います。

一般の国民も、時々、西側メディアで流れた収容所の様子などがビデオで映ったりすると、ひどいことがあるみたいだな、気の毒だなと感じる程度で、それほど関心があるようには思えません。

嫌中（中国嫌い）が、ここ十年来ブームになっていますね。嫌中言論を振りまくだけで商売になるので、いろんなメディアや言論がろくに関心もなく、調べもせず新疆ウイグルのことをしゃべり散らかしています。あまり真剣に受け取る価値がないものが大部分です。

私のわかる限りでは、こんな現状ではないかと思います。

中田　詳しいリサーチをありがとうございます。やはり西側世界の報道や情報量も含めて、イスラーム世界とは対照的ですね。ウイグルの苦境に関して、ほとんどのムスリムたちは何もしていないに等しいですからね。

橋爪　そうだとすると、大変イスラーム的ではない状態だと思ってしまいます。

中田　そうなんです。それはもうそのとおりです。

ジハードに値するではないか

橋爪　中田先生を前に私が言うのも変ですが、イスラームとはどういうものかを、読者のために説明しましょう。

イスラームは、普遍主義である。

普遍主義とは、わけ隔てなく、人類である限りすべての人に当てはまる普遍的な真理だということです。唯一神アッラー[*6]は人類を創り、人類の上に存在している。アッラーの最後で最大の預言者ムハンマド[*7]がクルアーン[*8]（コーラン）をアラビア語でもたらした。そして、そのアラビア語のクルアーンを読むことが人類にとって最大の幸せで、その教えに従うことが最大の務めであるとして、イスラームの信仰共同体、ウンマをつくっている。これはよいことなわけです。

さて、このイスラームという信仰共同体に加わっている人びとが、「おまえはイスラームだな。けしからん」と言われていじめられたらどうなるか。これは、いじめられた人びとだけの

＊6　アッラー　Allah　イスラームにおける唯一神の名。語源は「神」をあらわすイラーフ ilah に定冠詞 al- を付した「アル・イラーフ」が転訛したもの。

問題ではなく、アッラーに対する侮辱。すべてのイスラームにとっての問題です。これは当然ジハードに値すると考えなさい、とクルアーンには書いてあると思うんです。クルアーンを正しく受け止めたムスリムであれば、こうした弾圧は看過できないと思う。看過できるとすれば、いじめられているように見えるが実はいじめられていないとか、あるいは、いじめられてはいるけれどもイスラームが理由でないとか。それならばスルーするとしてもまあわかる。

新疆ウイグル自治区で起こっていることは、どう考えても、具体的な犯罪が問題なのではないでしょう。それにしてはいじめられている人数が多すぎる。つまり、犯罪ではなく、ウイグル人であることが問題とされている。ウイグル人であるというアイデンティティ——自分たちはトルコ系の民族でムスリムである、だからウイグル人だと思っていること——自体が問題になっている。

これは明らかにイスラーム共同体に対する弾圧です。それ以外に考えようがないと思う。なぜ世界のムスリムがこれをスルーし、そこから目を背けているのか。ムスリムなら目を背けられないはずである。なのに目を背けているとすれば、ムスリムではないか、ムスリムだけれどもムスリムの原則に反しているか、どちらかではないでしょうか。

問題だらけのイスラーム世界

中田　橋爪先生からそう言っていただくと心強いというか、私的にはうれしいですし、まったくおっしゃるとおりだと思います。イスラームの場合、基本的に他人の内心については判断しないので、ムスリムでないという言い方はしませんが、イスラームの原則に反するかと言われれば、それはもう反するとしか言いようがないと私自身は思っております。

私自身もトルコでトルキスタン独立運動のウイグル人たちが開催するイスラームの勉強会で話をしたときにも、西と東のチュルク系ムスリムがトルコに集まってきて、ここでイスラーム

＊7　ムハンマド（マホメット）　五七〇年頃生―六三二年没。マッカ（メッカ）のクライシュ族出身。アッラーの啓示を授かり、預言者、神の使徒として伝道を始める。偶像崇拝を否定し一神教を唱えたため迫害され、六二二年にマディーナ（メジナ）に移る。イスラーム教団の基礎を築き、六三〇年マッカを征服した後、その勢力はアラビア半島に広まった。

＊8　クルアーン（コーラン）　イスラームにおける根本経典。ムハンマドが六一〇年から六三二年に亡くなるまでの二二年間にわたってアッラーから啓示された書。一一四章からなり、アラビア語で「読誦されるもの」を意味。翻訳に中田考監修『日亜対訳 クルアーン―「付」訳解と正統十読誦注解』作品社、二〇一四年等がある。

をひとつにしなければいけないという話をしました。ですが、では、具体的にどういう解決法があるのか、何をできるのかというと、答えに詰まるわけです。

ジハードをする、戦うんだとすると、誰が戦うのかという話になる。では、ウイグルの人たちに、「おまえたち戦え」と言って武器を手渡して、彼らが武装闘争をしたとしましょう。もちろんそういう手段で戦っている人たちもいるわけですが。しかし、巨大な中国を相手に武装闘争に出ても、それは結局弾圧を正当化する口実を与えるだけに終わるのは明らかでしょう。となると、彼らが中国国内で戦うことはあまり意味がない。

ですからムスリム世界が彼らを救うために助けに行かなければいけません。クルアーンも以下のように異教徒の迫害を被っている無力なムスリムがいれば、救援に出陣しなくてはならないと命じています。

あなたがたはなぜアッラーの道のために戦わないのか。弱い男や女や子供たちが〝主よこの不義をなす住民の町（マッカ〈メッカ〉）からわたしたちを救い出して下さい。そしてわたしたちにあなたの御許から一人の庇護者を立てて下さい。またわたしたちにあなたの御許から一人の援助者を立てて下さい〟と祈っているというのに。

信仰する者たちはアッラーの道のために戦い、信仰しない者は邪神（ターグート）の道のために戦う。それゆえ悪魔の味方に対して戦え。本当に悪魔の策謀は弱いものである。
（クルアーン4章75―76節）

では、イスラーム世界全体がまとまって戦うことができるのかといえば、できないのは目に見えています。外敵と戦うどころか、イスラーム世界の中で分裂や諍《いさか》いが起きているからです。湾岸のサウジアラビア、UAE（アラブ首長国連邦）といった王制の国が、それまでイスラエルおよびパレスチナ間の紛争が解決するまではユダヤ人国家と国交をしないと考えていたのが、最近になって国交を正常化させようという動きが出ています。ついこの前（二〇二〇年一二月）もモロッコがイスラエルと国交を結んだというニュースが流れたばかりです。いっぽうで、エジプトなどは、最大の敵はイランである、トルコであると明言しているわけです。

このような状況で、中国と戦うという以前に、まずイスラーム世界の中でまとまることすらできない。それどころか、アメリカやロシアなどの外国に助けを求めて、「イスラーム国」（IS：Islamic State）と戦うような状況にありますので、まずそちらのほうから解決をしないと、ウイグルの問題も解決できないのではないかと思っています。とはいえ、橋爪先生がおっしゃるように、問題の出口がまったく見えないのは、今のイスラーム世界がイスラームの原則から離れていることが要因のひとつであるのは確かです。

我々専門家は活動家からの情報や勉強会などで、今、新疆ウイグル自治区で何が起きているのかをある程度知ってはいますが、情報統制の厳しい中国からはメディアを通じては情報がほとんど入ってきませんから、読者の皆さんにまず押さえておくべき基本的な事実を説明した上で、解決の糸口を探りたいと思っております。

人権とジハードは違う

橋爪　この問題については、中国が悪いと言わざるをえません。ですから、これから中国の責任を追及するという議論の流れになると思います。

でもその前に、イスラームが内輪でひどいことになっている、だからウイグルの人びとを支援できないのだ、とおっしゃるのですね。

中田　そうです。

橋爪　イスラームが内輪もめをしていることはわかりますが、これが現状だからしょうがないと言うのなら、イスラームは何のためにあるのか。

イスラームは、市場の利害や政治的対立を超えて人類で連帯しようという重要な目的があって、そのためにクルアーンがあり、ムハンマドが遣わされたわけです。どんな問題もクルアーンに、アッラーに立ち返って解決しなければいけないわけでしょう。それなのに、最大の敵はシーア派のイランだとか言っている。そもそもそういう状態が起こることがおかしいのです。

実際にできることがないというのが、中田先生のお話でした。例えばウイグルでひどいことが起こっているとして、エジプトは、サウジアラビアは、トルコは何もできないではないか。だから何にもしない。だからそれ以上関心を持たない。――なんていうのは、断じてイスラーム的ではないと思う。

キリスト教ではどう考えるか。問題を解決するのに、力のある人がアクションを起こすことと、その問題を理解し、覚えて祈ることとは、別のことなんです。行動することは、能力のない人にはできませんから、それはキリスト教徒の義務ではない。けれども、その問題を理解し共有して、祈ることはできる。

例えばどこかでキリスト教徒がいじめられた場合、まず、いじめられたという事実を知らなければならない。知らなければ、自分の痛みになりません。いじめられた人の痛みは、いじめられていなくとも、同じ信仰を持つ兄弟姉妹であるなら、自分の痛みとして受け取り、それを如実に知らなきゃいけない。知った後、自分も痛みを感じるわけですが、次にすることは、苦しむ同胞のためにできることは何だろうと考える。今のイスラームには弾圧されている同胞へのそうした祈りや思いがあまり感じられませんね。もし少しでもあればそれをやるべきです。何にもなかったら、悲しんで、祈って、涙して、そして、神さまがこれを癒やしてくれるだろうと考える。キリスト教では自分の精神世界をそういうふうに整理していくわけですね。だから、祈るということ、覚えるということがあるはずなんです。

そして人権という考え方があります。誰かがその人の権利――生命、財産、安全、信仰、言論の自由、など――を脅かされているという場合には、その人がクリスチャンであろうとなかろうと、自分がいじめられたのと同じようにその痛みを共有し、覚えて、祈るという態度をとる。クリスチャンはこういうのに慣れているわけです。

信仰が抑圧されたら、何かしたいと思います。これはイスラームのジハードに当たるものです。でも、人権は、ジハードとはちょっと違います。なぜなら、人間であることだけに関係していて、信仰とは無関係なことですから。

というふうにキリスト教徒は準備ができているんです。イスラームにこういう考え方は全然ないんですか。

中田　まず信仰、祈りの話ですが、これは当然あります。むしろあり過ぎるので問題になるともいえます。イスラーム教の預言者ムハンマドの言行録をハディースと言いますが、日本語にも翻訳されている有名なハディース精選『四〇のハディース』の第三四番目の伝承に「お前たちの誰でも、悪行を見かけたら自分の手でそれを変えるようにするがよい。それができなければ自分の舌で。それもできなければ心で。だがそれしかできない者は、もっとも信仰の弱い者」とあります。もし悪行を目にしたときには、まず手で変えなさいとある。つまり腕力、武力を用いて闘って事態を正せ、ということです。それができなければ、言葉で批判しなさい。それもできなければ、心の中で祈りなさいとある。これは何十万とあるハディースからもっとも重要で誰もが知っているべきものを四〇に絞った中に出てくる有名なハディースなので、誰でも知っています。ですから、何もできなかった、あるいは何もしないときは祈るんですね。

イスラームは、キリスト教よりも祈る機会は多いと思います。少なくとも一日五回は日課の義務の礼拝の中で祈っています。イスラーム世界に行けば、熱心な信徒は毎回、五回、モスクでも集団で祈っていますが、そういうところで、新疆のウイグルの人たちのために祈りましょうというのは、実際によくあることです。

むしろ祈りがあり過ぎるもので、祈るだけで何かした気になって、それで済んでしまうんですね。それで済んでしまって、何もやらない。何か具体的にアクションを起こそうとすると、ウイグル問題に目を瞑《つぶ》って中国政府に擦り寄っている自国政府の批判になってしまうので、そちらのほうには向かわないで、ただ祈って終わりにする。それが弊害といえば弊害です。

イスラーム世界は基本的には世俗化があまり進んでいないので、善悪の清算は来世に持ち越されると信じられています。そのため我々が祈る祈らないにかかわらず、現世で不幸な人間は、それが不正であれば、来世でどうせ報われると考えて、それで済んでしまう。むしろ信仰が強い分だけそれで終わってしまうので、そのために現世で世の中を正しく変えていこう、というインセンティブが少ない、ということがあります。

無信仰の人間の人権問題に関しては、イスラームの世界でもないことはありません。異教徒に対してであっても不正は許されませんから。ただ、やはり優先順位からいって、ムスリムがいろいろなところで迫害を受けているという現状認識があるので、まず同胞優先になります。もちろん友人、知人のように個人的に関わっている人間は別でしょうけれど、それがなければ、やはり無信仰者は人権を考える優先順位は低くなりますし、それを支える論理も弱いというのは、おっしゃるとおりだと思います。

カリフ制から遠く離れて

橋爪　中田先生のお考えをもう少しお聞きしたい。中田先生はカリフ制[*9]復興を常々おっしゃっていますね。

中田　はい、そうですね。

橋爪　現状の大変情けないイスラーム世界の無気力、だらしなさ、行為不能の状態を突破するのは何かと考えてみたとき、私は、イスラームの初期の在り方に立ち返るべきではないかと思うんです。ムハンマドがいて、その後継者がいて、そして、地上の世界にイスラームの原理や原則を説き、イスラームの幸福を実現することに責任を持っていた。そういう人がいるべきだと思う。そういう人をリーダーとして、全員が協力してその理想を追求すべきなんです。そうした精神がなかったら、イスラームの復興はないのではないかとも思う。今こそこういう強い

＊9　カリフ　アラビア語で「神の使途（ムハンマド）の代理人」の意味。イスラーム法を施行し、イスラームの土地と教義を防衛する責任を有するリーダー。ムハンマドの没後、アブー・バクル、ウマル、ウスマーン、アリーと四代にわたり正統カリフ時代が続いた。ハワリージュ派によってアリーが暗殺されると、アリーの子孫を後継者とみなすシーア派と、ウマイヤ朝のカリフを認めるスンナ派とに分裂した。

アピールが必要だと思います。

もし今、ムハンマドがいたら、あるいはその権威を引き継いだカリフがいたら、何をするでしょうか。イスラーム世界の総力をあげてウイグルのムスリムを救おうとするはずです。実際何をするかは別として、それを使命として考え、行動するんじゃないでしょうか。中田先生もそういうお立場だと思いますが、いかがでしょうか。

中田　はい。ウイグル問題に全力を尽くすべきかどうかは置いといて、ともかくまずイスラームがひとつになるべきなのは確かです。

というのは、ウイグル問題が起きる前から、今まで大きな問題になってきたパレスチナ[*10]の存在があるからです。ウイグルの場合は、よくも悪くも地域的に非常に遠いということがあります。我々が素直に考えてイスラーム世界の中心部だと考えるマッカ、マディーナがあるアラブ、イラン、トルコという、あの辺から見ると、やっぱりウイグルは遠いわけですね。

しかし、エルサレムはまさにイスラーム世界の中心部にあるんです。心臓部にある。そして、二〇世紀半ばにそこにユダヤ人の国ができてしまって、数百万人のパレスチナ人たちがそこで難民と化している。しかも同じアラブの国がそれに対して何もできない状況にある。その時点でそもそもおかしいわけです。そういう状況がトランプ政権のときからさらに悪化している。

バーレーンやＵＡＥなど、豊かなアラブ諸国はイスラエルの人間とビザなしで行き来できるようになって、それが問題だと批判する人もいますが、私はそれ以前にもっと貧しいスーダンやイエメンといった国のムスリム同胞がビザなしで湾岸諸国には入れないことのほうが問題だと思っています。そういう問題も解決しなくてはいけない。

そういう背景があって、ウイグル問題に関してはどうしても関心が薄くなってしまうんですね。戦う以前に、ともかく弾圧から逃げてくる人びとを受け入れるという、それすらしていないのが現状です。今、中国は、ヨーロッパも含めて各国に、ウイグル人、特に活動している人間は中国に強制送還するようにと大変な圧力をかけています。それに対して日本は彼らを追放するようなことはしていませんが、日本にいるウイグルの人たちが集まって政府にウイグル問題について中国に抗議してくれと声を上げても、積極的に動く姿勢は見せていませんね。

イスラーム世界の中でかろうじて抵抗しているのは、私が知っている限りではトルコとアフ

＊10　パレスチナ問題　第二次世界大戦後、パレスチナの地で独立を約束されていたユダヤ人とパレスチナ人のあいだで起きた紛争。ユダヤ人は強引にイスラエルを建国し、パレスチナ人は苦難の道を歩むことになった。

ガニスタンだけですね。それ以外の国は、カザフスタンとか、隣の国であっても、ウイグル人を犯罪者として引き渡しています。まず戦う前に、逃げてきた人間を最低限受け入れるという、そこから始めないことには話にならないと思っていますが、それすら厳しいという状況があります。

そういうことも含めて、政治的な統一が難しくても、とりあえずイスラーム世界の中だけでも人が移動できるようにならないといけないと私自身は考えております。カリフ制の一歩は、統一政府をつくることよりも、自由に中の人間が動けるようになることだと思います。

実は預言者ムハンマドの正しい後継者、つまり「正統カリフ」がすべてのイスラーム世界を治めていたという時期は非常に短いんですね。しかし、その後もネットワークがずっと続いて、イスラーム世界の中を動ける自由は守られてきたわけで、少なくともそこまで回復しないといけないというのが今の当面の目標として私が考えていることです。

パレスチナ問題との違い

橋爪　大事な点をいくつか教えていただきました。少し異論があります。

パレスチナ問題と新疆ウイグルの問題を並べて、どっちが大きい、小さいとか、どっちが優先させるべき問題かとか、考えていいものか私は疑問です。

まずパレスチナ問題は、アラブ世界のど真ん中で起こっていて、関心を持たざるをえない大きな問題だということはもちろん理解できます。でも、これはいじめの問題ではない。イスラエルもいじめられていた歴史のある民族で、生存が関わっているわけです。パレスチナか、イスラエルかという、同じ土地の上で厳しい対立になっている。イスラエルがいろいろ強硬な措置をとるのは、生存権がかかっているからなのは明らかです。それがどんなにひどいことであったとしても、ほかにどうしようもないという側面があるじゃないですか。

いっぽう新疆ウイグルの問題は、中国が巨大な政治権力を使って、ローカルなコミュニティであるウイグル人をいじめているということなのです。中国にはいじめない選択もあるんです。いじめないこともできるのに、いじめている――そのいじめが中国の生存権や根本的権利に関わっているのか、その根拠がよくわからない。だからこれは、非難の余地がはるかに大きい問題なのです。イスラームにとっては許しがたい問題です。イスラームであることを理由にある国の政治権力がムスリム共同体を弾圧していじめるのは、どう考えても正当化の余地がないことでしょう。

確かにイスラエルはけしからんことをやっているかもしれませんが、イスラエルはほかに手段がなく、自分たちの自存自衛のために、生存権のためにいろいろなことをやっているというロジックが見えるじゃないですか。でも、だからといってパレスチナを犠牲にする権利はないだろうという話になる。それは当然の主張で、被害も事の重大性も、パレスチナは深刻である。だけど、誰が見ても非難すべき問題だという点では、ウイグルのほうが極端な事例だと思うし、明らかに問題の質とレベルが違うように私には見えます。

中田　それはまったくおっしゃるとおりです。確かにウイグルとパレスチナでは問題の本質が違うと思います。ただ、私も今、橋爪先生のご指摘で気づいたのですが、我々の世代の感覚ではイスラームへの迫害は決して新しいものではないんです。

というのは、今はいちおう独立しましたけれども、ソ連の共産主義が強かったとき、特にスターリン時代に、イスラーム世界は大虐殺と大弾圧を受けているんですね。ウイグルから近いところからいえば、キルギスがあって、カザフスタン、タジキスタン、ウズベキスタン、それからアゼルバイジャンというような中央アジアのトルコ系の国々です。

このときに結局、イスラーム世界は何もできなかった。当時は、まだ冷戦構造が強く、ソ連や中国は、アラブのエジプトやシリア、イラクといった国々のパトロンだったので、非難するどころか、彼らと同盟を組んでいて、当時はむしろイスラームよりも社会主義のほうが強かった。

そういう時代があったので、弾圧に慣れ切っているというか、ウイグル問題も、またかという、その延長に考えられているんですね。中国やソ連のような、全体主義、社会主義の国では、ムスリムが弾圧されるのはいつものことだなという、そういう感じがあるわけです。もちろん同胞への大弾圧に対してイスラームが何もできなかった無念はあるのですが、時を経てもその被害者意識から抜け出られていない。今にして思うとムスリムたちの無気力には、そういう被害者慣れした歴史的背景があるように思います。

実際、中央アジアのムスリムの同胞であるカザフスタンやキルギスも、ほとんど何もできていない。もちろん個人レベルではたくさん助け合っていて、ウイグル人たちがこうしたトルコ系の国々を徒歩で逃げてトルコまで来るというケースを私もいくらでも知っています。しかし、国家レベルでは何も言えなくなっているのは、結局全体主義国家に虐げられてきた時代の延長上にその要因があるのではないかなという気がします。

この問題に関しては、イスラーム世界よりも欧米のほうがはるかに動きが早く、しかも言葉もはっきりしています。それは人権侵害に対する戦い、というよりも自分たちの陣営、いわゆる「自由民主主義」諸国以外の国々に対するイデオロギー闘争でもあるからに思えます。

先ほども言ったとおりイスラーム世界のメディアはほとんど何も言っていませんが、欧米の論調を伝えるだけで、いちおう抗議の姿勢はとっている。それが今できる精一杯のことなのかなという気はします。

――中国のイスラームの弾圧のきっかけに関してですが、習近平が国家主席に就任したのが二〇一三年で、「一帯一路」という政策を訴え始めたのがちょうど二〇一四年ごろです。二〇一四年の六月ごろといえば、イスラーム国が建国されて、ウイグルからも義勇兵が行っていた時期です。そういうつながりもあって、対テロ政策的な意味で弾圧が強化されたという側面もあるのでしょうか。

中田　私自身が二〇一四年にイスラーム国に入ったときも、トルコから同行した越境者の一人は中国からパスポートも持たず歩いてきたというウイグル人でした。そうやって入ってくる人たちがいくらでもいるんです。

彼らはイスラーム国に来て、そこで戦闘訓練をして、いずれは帰って、東トルキスタンで戦おうという人たちですから、それを中国政府が脅威に思うのは、ある意味では当然でしょうね。

私自身はかなり早い時期から、上海協力機構[*11]は、中国が中心になって、トルコ系のイスラームを押さえることを主要な目的としている機関だと思って注目してきました。

ウイグル人を弾圧することがテロ対策であるとは思いませんが、これから「一帯一路」を成功させて、世界の覇権を握るためには、資源の利権においても地政学的にも新疆は非常に重要なところなので、中国が自分たちの生命線であると考えるのは理解できます。

橋爪　その件で、私の考えをはっきりさせておきたいと思います。

　新疆ウイグルの問題は、テロリストを弾圧するための政治的措置ではありません。その範囲を大きく逸脱しています。テロリストの活動を抑止するための合理的な方法はいろいろあるし、そのための手段も中国政府は持っていると思いますが、明らかにその範囲を超えています。

　一〇〇万人とも言われる人びとを強制的に収容して、いじめるなんていうことは、テロリストを抑圧するために必要なことではないでしょう。別の目的、別の活動としてやっていて、それをごまかすための言い訳に反テロだと中国政府が言っている。これを真に受けたら問題の本質がわからなくなる。だから、この本ではこの点をきちんと強調しておきたいと思うんです。

中田　はい、そうですね。特に9・11[*12]以降、イスラーム世界も含めて、テロ対策、治安対策という名目を使えば、誰も逆らえないという状況になってしまいました。中国が、これは自国の治安問題なのであると言い切って、世界からやってくるジャーナリストたちを排除し、あるい

＊11　上海協力機構　SCO：中国、ロシア、カザフスタン、タジキスタン、キルギス、ウズベキスタン、インド、パキスタンが加盟する多国間協力機構。二〇〇一年発足。

は行動制限を科して、常に見張りや尾行をつけているわけですから、証拠のとりようがない。証拠がなければ、どんな理不尽な内容でも向こうの強弁が通ってしまうことになります。情けないですが、そういう状況下でできることは非常に限られていると思っております。

とはいえ、橋爪先生がおっしゃるように、このウイグルの惨状に手をこまねいて見ているわけにはいきません。まずは、中国がいかなる目的でウイグルをはじめとする少数民族の弾圧を強化しているのか。相手の魂胆を知ることで、この問題の解決の糸口を探り出せればと思います。私はウイグルに関してはある程度の知識と実際の体験があるのですが、中国には一度も足を踏み入れたこともなくて、今回の対談は、基本的には橋爪先生のほうからお話を伺い、勉強させていただくようなかたちになると思います。

これまで橋爪先生は、中国関連の書籍を何冊も出していらっしゃいますし、中国とは個人的にもずいぶん関わりが深かったように思われます。中国共産党がなぜウイグル人を弾圧するのか、その詳細に入る前に、橋爪先生のほうからまず、個人的にどういうかたちで中国に関わってこられたのかをお伺いしたいと思います。

初めて足を踏み入れて

橋爪　私が中国に関心を持ったのは比較的遅いのです。四〇歳になるかならないかのころに、友人から、中国を一緒に旅行しないかという誘いがあった。学生諸君も連れていって一ヵ月滞在するという勉強のツアーです。で、そのツアーに入れてもらうことにしたのですが、それなら中国語ができたほうがいいだろうと近所の中国語会話スクールに通い始めた。毎日テープで練習して、曲がりなりにも片言で話せるようになりました。そして、一九八八年の夏に上海に一ヵ月、それから、北京に一週間くらい滞在して、いろいろ見て回りました。

それが最初の経験ですが、あとで思えば、翌一九八九年の六月四日に天安門事件があったわけで、絶妙のタイミングだった。当時は改革開放が始まってちょうど一〇年経《た》ったところで、市場経済（当時は市場経済と言わず商品経済と言っていた）は、日本の高度成長をしのぐような大変な熱気で、街中がむんむんとしている、人びとも実にアグレッシブで、活気に満ちあふれ、中国共産党はこの後どうなるんだろうと外国人の私でさえ考えてしまうような、そういう時期でした。ベルリンの壁がやがて崩れていくわけですが、冷戦が終わりかけているという時代の

＊12　9・11　二〇〇一年九月一一日に起きたアメリカ同時多発テロ事件。その後のアフガニスタン戦争、イラク戦争のきっかけとなった。

転換期です。

天安門事件の後も、私は中国語の勉強を続けました。東京で知り合った中国の音楽家を通じていろんな人びととつながりができ、妻ともその縁で知り合いました。妻は天津《てんしん》の出身で、以来、年に数回は中国を訪れるようになりました。

新疆ウイグル自治区を訪れたのは、一九九〇年代末ごろだと思うが、一度だけです。当時東工大に勤務していて、中国短期留学と称して、学生諸君を引率して中国に滞在する授業を毎年やっていました。その年は、学生諸君の希望で、新疆ウイグルに旅行することになった。北京から四八時間くらい汽車に乗って敦煌《とんこう》に行き、バスでトルファンを通ってウルムチに行く、という旅程です。

トルファンはオアシスの町です。砂漠の真ん中に水源があって、数万人が暮らしているという昔ながらの集落です。漢民族はあまりいない。足を踏み入れると、ここは中国なのかと思う。みな彫りの深い顔だちで、肌は浅黒く目が青かったりする。彼らにとって漢語は外国語。中国の中の異国だというのがよくわかりました。中国に編入されてからずいぶん時間が経っていますから、かなり変わってはいたんでしょうが、昔の中央アジアの雰囲気をそのまま残しているようでもある。

カレーズ（地下トンネルの用水路）の実物も見ました。ヒマラヤの雪解けの水を何十キロも、ときによると何百キロも地下水道を掘って流しているのですね。かんかん照りで四〇度になるような炎熱の砂漠地帯の地下を、きれいな水がはるか遠くまで流れて行くんです。うまく傾斜をつけているので、水の流れが滞らないようにできている。こんなシステムがもう何世紀も前にできていて、それを維持管理している。この施設はオアシスの人びとにとってはとても大切なものですね。

カレーズの水を使ってブドウの栽培も盛んで、あちこちにブドウ棚がある。家屋の屋上はブドウ干し場になっている。そのほかにも果物はたくさん生産されていて、北京をはじめさまざまな都市に出荷されています。

その後、ウルムチに行きました。ウルムチは人口数百万の工業都市で、とてもすすけている印象でした。住民は漢民族とウイグル人が半々ぐらいなんですが、とても仲が悪い。漢民族のガイドさんは、「ウイグル人は信用がならないから財布そのほかを盗《と》られないように」と注意を促す。大変なところに来たなと思いました。ところが街に出ると、屋台でものを売っているウイグル人は、「漢民族は暴力的で信用ならない、注意するように」と真逆のことを言うわけです。過去にどれだけのことがあって、双方に不信が蓄積されているのかと思いました。総じてウイグル人は人懐こくて、いい印象を持ちました。

「夜市」と書いてイエシーというのですが、日没後、大通りに見渡す限り屋台が出ます。銀座通りの一丁目から七丁目までが全部屋台みたいな感じです。そんな夜市でみんな、いろんなものを頬張りながら、店をのぞいて歩く。ムスリムの人も大勢いて、活気にあふれています。中国国内は時差を設けていないので、ウルムチも北京時間なんですね。ですから夜一〇時でもまだ夕方ぐらいで、夜が非常に長い。そういう不便をものともせず、人びとはみんな生き生きと暮らしているように見えました。

そのころ、政府は「西部大開発[*13]」の号令をかけ、新疆ウイグルも大きな変化が訪れようとしていました。それから二〇年以上経っていますから、ずいぶん変わったろうと思います。

私が中国を重視して考察を続けるのは、重要な隣国であるのもさることながら、やはり世界にとって致命的に重要な存在だからです。その民族、文明、国家に対して、戦後の日本はあまりに関心がなさ過ぎる。関心がないから、よい情報がとれていないし、とれてもよい分析が少ない。

さて、社会科学の概念や分析枠組みは、すべて西欧仕様でできているわけです。だから、ヨーロッパのことはそれなりにわかるが、日本のことはわかりにくい。これは日本のせいではない。それをいえば、西欧の社会科学では、イスラームがよくわからない。アジアがよくわからない。インドもわからない。中国もわからないのです。これをほっておいて、社会科学なんかできません。非西欧圏の社会科学者が、現地の一次情報に基づいて、従来の概念をすべてチェックし、ものの見方をつくり直さなければ、二一世紀の社会科学はできない。そう、私は考えています。

マックス・ウェーバー[*14]は大きな仕事をしました。世界の多様な社会を比較して論じようとした。その後、議論は盛り下がって、志が小さい仕事しか出ていない。これをなんとかしたいというのが、中国に対する私の関心の根源です。

中国の分析は必須

中田　貴重なお話、ありがとうございます。私は中国に行ったことはないのですが、イスラー

＊13　**西部大開発**　二〇〇一年から始まった中国共産党の国家戦略。経済発展が遅れていた新疆ウイグル自治区等を含む中国西部内陸部を開発し、経済、社会格差を縮めるのを目的とする。

＊14　**マックス・ウェーバー**　一八六四年生―一九二〇年没。ドイツの社会学者、経済学者。代表作に『プロテスタンティズムの倫理と資本主義の精神』、『職業としての学問』、『社会科学方法論』等。

ムはいちおう世界宗教なので、中国人のムスリムの方とも学生時代から交流はありましたし、特にウイグルの方とは最近もそういう話をしましたので、そちらについてはある程度お話ができると思っています。

ただ、私が今まで学生時代からつきあってきたイスラームの人間は、ほとんど回族ですので、今問題になっているウイグルの人とは違います。歴史的にウイグルを「回鶻」と表記してきたこともあり（現在は「維吾爾」と表記）、混同されることがありますが。回族とウイグル人というのは、同じ中国にいるイスラーム教徒なのですが、かなり違うというか、むしろ政治的には非常に冷たい関係にあります。

私がウイグルの人とつきあったのはごく最近のことです。

今、橋爪先生から伺ったカレーズという水を運ぶシステムですが、これは中東、アラブにはないのですが、イランより東のほうにあるんですね。アフガニスタンに行ったときに私もカレーズを見ました。このシステムが国中に張り巡らされているんですね。アフガニスタン人の日本に帰化されたお医者さんが「カレーズの会」というのをやっていまして、私にもなじみのある言葉なんですが、これが中央アジアの文化なのだなと考えさせられます。

ウイグル人というのは、チュルク系と言われている人で、チュルク系の中でもウズベク人とかなり近いと言われています。ウズベク人は、もちろんウズベキスタンという国もありますが、アフガニスタンあたりにもたくさん住んでいまして、私はそういう方との交流もありました。私がアフガニスタンに行ったとき、今回のウイグル問題に直接関わるウズベクの方ともお会いしてお話を聞いております。またトルコにはたくさんのウイグル人がいるんですね。トルコには五万人から六万人のウイグル人が住んでおり、世界最大のウイグル人ディアスポラ・コミュニティと言われています。

トルコは、ああいう土地柄もあって、世界中から亡命者がたくさん来ています。「イスラーム国」の支持者だけでも多分何万人といると思います。私が知っている限りでも、イスラーム国の司令官だった人間が、一旦捕まってもすぐに釈放されて普通に生きておりますので、世界中から反体制派と呼ばれている人たちが何万人、何十万人単位で普通に街の中で暮らしているという状況です。ウイグルの場合もチュルク系なので、完全にトルコ人として国籍も持って暮らしている人たちがたくさんおります。

トルコに行ったときに、日本の中国の研究者で二〇〇〇年代からいちばん積極的にウイグル問題に関わっていらっしゃる水谷尚子《みずたになおこ》先生（明治大学准教授。近現代日中関係史研究者。著書に『中国を追われたウイグル人―亡命者が語る政治弾圧』文春新書、二〇〇七年など）ともお会いして、トルキスタンの独立運動に関わっている人たちの集まりや、勉強会にも参加させてもらったことがあります。水谷先生は、国内外で荒れ狂う中国の少数民族の虐殺と弾圧の実態を、ウイグル自治区から命がけで亡命した人たちから聞き出して、その告発を広く知らしめようと精力的に会見や講演を開き、ご自身でもリポートや書籍を書いていらっしゃる。在日ウイグル人たちとも真摯な交流をもって、彼らをサポートしている方です。

橋爪　水谷先生のようなお仕事はとても重要だと思いますが、日本では数少ないですね。弾圧を受けている当事者の声は、なかなか外に出ませんから、誰かが聞きとってすくい上げないといけない。中国の事情がよくわかっている水谷さんのような専門家がその役目を果たしている。素晴らしい活動だと思います。こうした仕事をもっとメディアが後押しするべきだと思いますね。

今、急速に影響力を拡大している中国を、集中的に研究・分析するのは急務です。なぜ中国共産党がここまでウイグル人を政治的に弾圧することに固執するのか。この本では徹底的にその仮面を剝いでみたいと思います。

第二章
中国共産党のウイグル人大弾圧

中国共産党歴代指導者の写真があしらわれたバッジ。バッジ左、中央上から時計回りに毛沢東、鄧小平、胡錦濤、習近平、江沢民。バッジ右少数民族に歓待される習近平の写真

写真＝AP/アフロ

これは宗教対立ではない

橋爪　中国共産党・中国政府が新疆ウイグルの人びとに対してひどいことをやっている。これはもう、さまざまな告発や報道から証拠もあがっていて、世界が周知のことだと思います。あまり例を見ない苛烈な弾圧です。

政治的目的からある民族を弾圧することは、残念ながら、世界中にいくらでも例があるわけですが、中国の場合、その範囲をはみ出している。その異様さは何なのか。人道とか人権とかの視点ではとらえ切れない、何か重要な動機があると考えざるをえません。

そこでまず、ウイグルの人びとへの弾圧のひどさや犯罪性の本質を、しっかりと見据えておかなければなりません。

中国共産党が攻撃したい相手が、ウイグル人をはじめとする「イスラーム」なのかという点について、はじめに私の考えをのべます。

この対談で、中田先生はイスラームの立場から発言いただいています。ウイグルにはムスリムの人びとが大勢いて、イスラームの地域であることは確かです。そして、中国共産党や政府はイスラームを決して快く思っていない。かなりの警戒心を持っていることも確かでしょう。

共産主義は無神論なので、中国共産党は宗教反対の理由から弾圧を強化しているというように見える。イスラームは一神教で、神を中心にしている。だから、ぶつかるのではないかと。つまり、一種の宗教対立（ないしイデオロギー対立）のように見えてしまうのですが、私はそれは違うと思います。

違う証拠の第一。中国共産党・政府は、相手がイスラームであろうとなかろうと、新疆で、チベットで、内モンゴルで、香港で、同じことをやっています。そして、これからもしかすると台湾で、同じことをやるだろう。自らの主張を押し通すために、かなりの腕ずくでいろいろな国策を実行しようとする。つまり、相手が誰でも関係ないのです。

宗教対立とは関係なく、弾圧した相手がたまたまイスラームだった。私はそう思っています。もうひとつの証拠。中国共産党は、共産主義ともイデオロギーとも関係ない可能性が高い。

中国共産党の本質に関してはあとで詳しくのべたいと思いますが、この弾圧の背景にあるのは、共産主義と考えるよりも、中国ナショナリズム（というか、中国人特有の考え方）だと受け止めたほうがわかりやすいと思います。

マルクス・レーニン主義やロシア共産党と、中国共産党（毛沢東思想、習近平思想）の間には、大きなギャップがある。考え方や行動に根本的な違いがある、と推定できます。

先ごろ、『内モンゴル紛争―危機の民族地政学』（楊《よう》海英著、ちくま新書、二〇二一年）という本を読みましたが、ウイグル人と同様、内モンゴルも中国政府による民族同化政策の圧迫にさらされています。中国は国策として、モンゴルの文化を破壊すると同時に、モンゴルの公教育からモンゴル語を排し、中国語を母語として押しつける政策を進めている。この本は、モンゴル出身の著者が、その弾圧の実態をつぶさに暴露、解説したものです。民族自決権問題についても明快な説明があって、それを読んで私はとても納得したので、ここに要約してみます。

二〇世紀のはじめごろから、民族自決原理が世界の潮流になります。ロシア革命が起こって、マルクス・レーニン主義が確立する時期のことです。

民族自決とは、どの民族も自分たちの意思で政府を樹立し、国家を形成する権利がある、という考え方です。第一次世界大戦後、アメリカのウィルソン大統領が提唱した理念で、その後の世界に大きなインパクトを与えた。

レーニン、スターリンもこの理念には理解を示していて、マルクス・レーニン主義は民族問題の解決に、一定程度の理解を示しています。

マルクス・レーニン主義が民族問題をどう扱うかはかなり難しい問題です。どうしてかと言えば、マルクス・レーニン主義はプロレタリア国際主義で、普遍主義です。けれども、民族自決原理は、それぞれの民族がそれぞれの政府をつくってよいという話なので、普遍主義ではなくて、個々に特殊な政府をつくることになるからです。

ロシア共産党の内部でも路線対立があった。レーニン、スターリンらの一国社会主義路線が結局勝利を収めて、世界同時革命を唱えたトロツキー派を粛清した。マルクス・レーニン主義は、民族主義的な色合いを持つ共産主義になったわけです。レーニンもスターリンも民族の自決権は正しいと思った。ですから、さまざまな共和国が樹立されて、その連邦国家としてソ連をつくるのだという大枠が固められた。そこで中央アジアに、カザフスタン、キルギス、タジキスタン、トルクメニスタン、ウズベキスタンといった、イスラーム系の共和国ができました。

のちのソ連邦解体（一九九一年）の引き金は、ソ連邦を形成していた共和国の離脱宣言です。離脱が可能だったのは、ソ連邦を形成するときに、それぞれの民族の自決権を踏まえるかたちでソ連邦を構成するという原理になっていたからです。エストニア、ラトビア、リトアニアのバルト三国がまず離脱し、ほかのイスラーム系共和国もそれに続いたので、ソ連邦が解体するという流れになりました。

犠牲になったモンゴル、チベット……

橋爪　さて、ソ連の解体に恐怖したのが中国です。

中華人民共和国は、ソ連と違って、連邦制をとっていません。中華人民共和国をつくるとき、民族自決権を認めずに、ただの自治権に格下げするかたちで建国しているのですね。

でも用心に越したことはない。ソ連の解体を目撃した各地の少数民族がそれぞれの民族自決権を主張しだしたら、中国の党と政府は困ります。下手をすれば、国内が混乱して収拾がつかなくなり、中華人民共和国が解体してしまいかねない。中国は当然、自治区への警戒を強めます。

中央アジアのイスラーム共和国が次々にソ連から分離した。新疆ウイグルはどうなのか。新疆ウイグルはトルキスタン地域と地続きでつながっている。トルキスタンの連帯や民族自立運動が盛り上がろうものなら、中華人民共和国にとって由々しいことだ。中国分裂の危険性が高いと直感したわけです。だから妥協の余地なく、新疆ウイグルを中華人民共和国の一部としてつなぎとめる、あらゆる手段をとり始めたのです。民族自決権があるなどと言い出さないように、強権をふるい始めた。

民族自決権は、もともと微妙な原理です。ある民族が自決権を行使すれば、ある地域で国家がつくれる。でもその領土の中に別な民族がいるかもしれない。

民族は、いろいろな地域にまたがって、まだら模様で暮らしているものです。それが、ここはこの民族の国、あそこはあの民族の国、とてんでに独立してしまうと、かえって話がややこしくなる。どの国にも、独立しそこなった少数民族が生まれてしまいます。また、国境をまたいでゲルマン民族の大団結とか、スラブ民族の大団結とか、トルコ民族の大団結とか唱えることも可能である。どんな国家も、民族自決権によって、内側から、そして外側から、揺さぶられることになる。

このように、民族自決権は、とても不安定で悩ましい原理である。それでも、はなからこれを否定してしまうのは、二〇世紀の原理に反する。民族自決権は非常に取り扱いの難しい考え方だということになります。

ともかく、近代国家を形成するにあたって、民族自決権が重要な理念であることは間違いない。ロシアの共産党もそれは認識していた。

ところが、中華人民共和国は、共産主義に基づく中国共産党の統治権力を振りかざし、民族自決権を抑え込んでしまうという選択をかつてしました。今もしています。

民族自決権に正しい位置を与えないやり方は、孫文[*1]にさかのぼると私は思います。孫文は、五族協和（「五族」は日本人、漢人、朝鮮人、満洲人、蒙古人《もうこじん》を指す）を引っ込め、中華民族を言い始めます。そして、何が中華民族かという定義を曖昧にしたまま、中国革命に突き進みました。

中国共産党はその考え方をそっくりそのまま受け継いで、ソ連とは違う社会主義建設を進めました。その犠牲が内モンゴル、チベット、新疆ウイグルである。――こういう構図があると思う。

中田　ありがとうございます。私はこの問題に関しては基本的には素人で、ただ、イスラーム学者として参加させていただいていますので、別の視点を入れて、若干、橋爪先生の単純化で落ちた部分を少し補足するという感じで話をしていきたいと思います。

橋爪　お願いします。

「思想改造」の伝統

中田　まず、中国共産党の現在のウイグル問題に対する過酷な弾圧というのは、無神論とイスラームという単純な宗教対立でもなく、マルクス・レーニン主義でもなく、かなり特殊な中華路線であるというのは、おっしゃるとおりだと思います。

マルクス・レーニン主義は西欧的な文脈で見ていくと、欧米の考え方とはかなり違うものと考えられています。冷戦時代においては、マルクス・レーニン主義とアメリカの民主主義は当然対立するものとして見られていました。しかし、我々イスラーム学者から見ると、どちらも広い意味でのヨーロッパ・キリスト教の思想であるというふうに見える。共産主義というのは、ロシアに入った時点ですでに西欧の思想として入ってきているわけですからね。

ですから、これは後の章のバイデン政権をどう見るかという話にもつながってきますが、共産主義とは、実は西欧の思想であるということを、まず再確認しておきたいと思います。

今、私はトルコ語の本を訳していますが、「西」（Batı）という言葉がよく出てきます。この「西」という言葉が、そもそも西洋なのか、西欧なのか、いつもどう訳していいのかわからなくなるんです。基本的には東と西というかたちでとらえたときには西洋ですが、その中に東欧は入っていないことが多いんです。少なくとも共産化する前の東欧あるいはロシアは西には入

＊1　孫文　一八六六年生―一九二五年没。中国の革命家、政治家。広東《カントン》省出身。興中会、続いて中国革命同盟会を結成し、三民主義を綱領とした。一九一一年の辛亥《しんがい》革命で臨時大総統に就任。

っていない。また、西といった場合、アメリカが西なのかという議論もある。そうすると欧米、西洋、西欧という呼び方がごっちゃになって見えてくるわけです。

そういう意味で、共産主義というのは、実はアメリカの自由民主主義と双子の兄弟のように見える部分がある。どちらも民主主義であって、基本的には神ではなく人の支配であると。橋爪先生のおっしゃるとおり、中国の民族主義というか、ナショナリズムは非常に問題をはらんでいて、民主主義はもちろん、マルクス・レーニン主義とも相性が悪い以前に、フランスで始まった人権思想ともまた相性が悪いと私は思っております。

現在の新疆ウイグル自治区で起こっていることは、西側では、文化的なジェノサイドという言葉が使われていますね。しかし、中国側は、これは教育であり、思想改造なのであるという言い方をする。確かにご指摘のように、ロシアのマルクス・レーニン主義と現在の中国でやっていることには違いはありますが、非常に大きく考えると、思想改造という考え方自体、これはやはり共産主義的というか、ロシア、中国で非常によく行なわれたことではあります。

その点はロシアでも同じだし、中国でも似たようなことが行なわれているということで、連続性を感じます。さらに広く言うと、西欧の思想は、キリスト教の時代から人間の思想を管理していくものでした。その意味で、自分たちが「自由民主主義者」であると自認している欧米には、中国、ロシアの思想改造は自分たちとはまったく違うおぞましい所行に見えるかもしれませんが、私たちイスラーム教徒には、中世の異端審問、魔女狩り以来の西欧キリスト教文明の発想の産物にも見えます。もちろんその度合いはまったく違いますし、やり方も違うので、現在の中国の過酷で残忍な思想改造を単なる共産主義の産物とも西欧的発想とも言うつもりはありませんが。

なぜ抹殺でなく改造なのか

橋爪　共産主義とアメリカの考え方が根っこは共通しているのではないか、という指摘がまずありました。それは私も共感するところです。

中国の本質をどう理解すればよいかについては、もう少し議論していきたいと思います。今現在、巨大な中国の過酷で凶暴な姿が露《あらわ》になりつつあります。これは想像を超えている部分があるので注意しなければなりません。

まずここまで過酷な類例を探すと、ナチズムがユダヤ人を虐殺したケースがある。あれは本当にひどいことをやった。中国はそこまではやってないじゃないか、というようにも見える。ではなぜ中国共産党は、ウイグルの人びとを教育施設なるものに閉じ込めて、拷問や虐待をしながら思想改造をやっているのであろうか。今、ジェノサイドという言葉が出ましたが、ウイグル人の絶滅を願っているのなら、なぜ全員を殺さないのだろうか。

その理由は、もしも全員殺してしまったら、新疆ウイグルが中国であると主張する正当化の根拠がなくなってしまうからだと私は思う。新疆ウイグルがウイグル人の土地で、ウイグル人が中国人だから、新疆ウイグルは中国なのです。同じことは内モンゴルでもチベットでも言えます。弾圧のために反対派を閉じ込めたり、処罰したり、殺したりしても、それは少数者であって、大部分の人は生かしておかなきゃならない。中国の公民として、中国人として。それでこそ、そこが中国であると言える。そのための教育であり、思想改造なのです。身体《からだ》は元のまま生きていて、考え方が別のものになる。中国政府、中国共産党に都合がよいものになる。これが思想改造の本質なんですね。そうすると、彼らは協力者になり、中国公民になって、中国ナショナリズムのよき担い手になるわけだ。しかも中国政府にとって、それが漢民族ではなく、もともと新疆ウイグルに住んでいた人びとであるという点がとても大事なわけです。

考え方を別のものに入れ換える。そんなことができるのかと思うけれど、それを無理やりっているのが中国です。民族を弾圧するのだけれど、民族を生かしておく。これが、ユダヤ人の身体を抹殺してしまう、ナチス（国家社会主義ドイツ労働者党）のユダヤ人迫害との違いです。

先ほども言いましたが、新疆の人びとは、漢民族でもないし、顔が違い、言葉が違い、社会、風俗、歴史が違い、何から何まで違って、外国人なのです。その外国人を中国公民にしてしまうにはどうすればいいかと言うと、いろいろなものを頭の中から抜き去らなければならない。言語を抜き去る。信仰を抜き去る。今までの考え方を抜き去る。そして、中国語（漢語）を注入する。中国語の考え方をオウム返しさせる。そして、社会組織や就業の構造や地域の在り方を中国風にしてしまう。民族の抹消です。身体は生きているけれども、ウイグル民族そのものを存在しなくさせてしまう。こういうものですね。

——収容者の監禁や教化、懲罰の状況を記録している中国政府の公文書が流出して、その内容がＢＢＣパノラマによって確認されています。収容施設では希望者に、過激思想に対抗するための教育と訓練を提供していると説明していますが、文書の内容を見るとそうではないことがはっきりとわかります。記事によれば、収容施設の責任者らに宛てた連絡文書には、次のような指示が書かれていたとあります。

「絶対に脱走を許すな」
「違反行動には厳しい規律と懲罰で対応せよ」

「悔い改めと自白を促せ」
「中国標準語への矯正学習を最優先せよ」
「生徒が本当に変わるよう励ませ」
「宿舎と教室に監視カメラを張り巡らせて死角がないことを（確実にしろ）」

そして、収容者が自分の行動や信条や言葉を変えたと示すことができて初めて解放されるのだということが何度も詳細に書かれています。

さらに文書には、収容者の生活も細かく監視、管理されている状況も示されています。

「生徒のベッド、整列場所、教室の座席、技術的作業における持ち場は決められているべきで、変更は厳しく禁じる」
「起床、点呼、洗顔、用便、整理整頓、食事、学習、睡眠、ドアの閉め方などに関して、行動基準と規律要件を徹底せよ」

ＢＢＣが意見を求めた人権問題に詳しい専門家は、「巨大な洗脳計画」「個別の文化集団を、地球上から消滅させるための人格改造だ」と答えています。また記事によれば、外国の市民権を持つウイグル人の逮捕や、外国で暮らすウイグル人の動向を追跡する明確な指示も出されていて、かなりナチズムに近い狂気を感じます。もちろんこの報道に対して中国当局は、そんな公文書は偽物と断じて、「自治区ではテロ事件など一件も起きておらず人びとは生活を楽しんでいる。西側は中国の国内問題に介入し、新疆における中国のテロ対策を妨げ、中国の順調な発展を妨害する口実を作ろうとしている」と、反論しています（参照：BBCニュース「中国政府、ウイグル人を収容所で『洗脳』公文書が流出」二〇一九年一一月二五日　＊21ページ参照）。

橋爪　はい。つまり生かしたまま抹殺するということですね。ユダヤ人は殺してしまった。殺しはしなくても、それに匹敵するほどのひどいことを中国共産党はやっているわけです。

ユダヤ人がなぜ抹殺されたのかと言えば、ドイツの社会からユダヤ人の要素を一掃するためです。一掃して、ユダヤ人の居場所を、ヨーロッパのどこにもみつけられなかった。ユダヤ人を抹殺しても、ナチスは痛くもかゆくもない。だから、奇妙なイデオロギーに基づいて、国家的な大犯罪を起こしてしまった。

中国が少数民族を抹殺すると、中国は痛いんです。困るのです。中華民族は、漢民族を超えた、少数民族も含む政治団体であって、そのテリトリーは漢民族の倍ぐらいある。それを考えれば少数民族の独立などはありえない。国家の存亡に関わることなのです。ということを中華人民共和国は主張しているので、それを実現させるまでこうした思想改造プロジェクトは続くだろうと思います。

中国政治の凶暴さ

橋爪　この思想改造プロジェクトは今、着々と進行しつつあります。

内モンゴルでは二〇二〇年九月から、従来モンゴル語で授業を行なっていたモンゴル系公立学校で、モンゴル語での授業を禁止し、中国語（漢語）で授業を行なうように決定しました。モンゴル人から言語を奪うための決定です。

これもウイグルと並行する政策だと思います。どう並行しているかと言うと、モンゴルは北と南に分かれていて、北はモンゴルという国になっている。南は内モンゴルとして中国の一部にされてしまっている。モンゴルは本来、ひとつの民族ですから、民族自決の原則からいえば、モンゴルと内モンゴルが合わさってモンゴル国になるはずです。それは、トルコ系の人びとが東トルキスタン（ウイグル）と残りの地域とで合わさって、トルコ系の共和国をつくるのが自然なのと、同様のことですね。でもそこに中国の国境線があって、その南側の内モンゴル人を中国人につくり替えようとしている。同じプロジェクトなんですよ。

これには中華人民共和国と中国共産党の存在理由がかかっている。存在理由がかかっているから絶対にやるはずです。

このプロジェクトは、台湾の解放でピリオドを打つ。台湾の解放は、文字どおり中国とアメリカが正面衝突する話です。アメリカと正面衝突しようとこのプロジェクトは実行しなければならないというのが、中国の指導部が今、考えていることだと思います。この話の最後はそこに行き着くと思いますが、その前に、新疆ウイグルの苛烈な政策の本質をしっかりと押さえておきましょう。

中国の政治には、抗争がつきものです。その抗争が、統治者の間の争いにとどまっていれば、人民に被害は及ばない。でも、このまま中国がこの苛烈な政策を強行していくと、場合によっては、人民もこの紛争の中に巻き込まれて、大きな損害を被ると考えられます。

例その一。統一中国ができ上がる前の戦国時代。いろいろな国、諸侯が争っていました。国が七つぐらいあって戦争を繰り返している状態ですから、これは内戦ではなく、敵の軍隊は外国軍なんですね。外国軍と戦って、勝てば数十万人の兵士を捕虜にしたりする。趙《ちょう》の国（周代・春秋時代・戦国時代にわたって存在した国。戦国七雄のひとつ）だったと思うが、戦いに敗れてどうなったかというと、捕虜になった数十万人の兵士らにまず自分で穴を掘らせる。穴を掘らせ、その中に入らせて、上から土をかける。こうやって数十万人をすべて生き埋めにしてしまった。趙という国を二度と立ち上がらないようにするためのジェノサイドのやり方です。戦闘員が全員死んでしまうので、まだ村にいる非戦闘員はもう抵抗できない。そうしてだんだん同化が進んでいく。こういうことが中国の歴史ではよく起こるのです。

例その二。王朝が交代するときによく農民反乱が起こります。農民反乱が起こると無秩序状態になる。そんなときによく起こるのは、地主への襲撃です。借用証書が焼き捨てられ、土地の権利書が破棄され、地主はたいてい殺害されてしまうのです。それで、農民らは小作地を取り戻す。次の王朝がそれを正当化する。これがずっと繰り返されているのですね。多くの人民の犠牲の上に次の政権が成り立つというのが、中国の標準的なやり方なのです。

太平天国の乱[*2]は、キリスト教系新宗教の反乱ですが、一八六四年に鎮圧されるまでの一三年間で、人民の死亡者は五〇〇〇万人とも言われています。単一の事件でこれだけの人数が死ぬことはそうそうありえないわけです。その後、抗日戦争、国共内戦があり、やはり数千万人の犠牲者が出ました。建国後も、反右派闘争などがあった。大躍進でも数千万人が亡くなっています。文化大革命でも数千万人の犠牲が出ている。そういうことは、中国では時々起こるし、中国共産党政権の下でも数千万人単位の人民の被害が少なくとも二回起こっているわけです。反乱や革命が起こるたびに、膨大な数の人民が巻き添えになる。ウイグル問題を考えるときも、中国の政治メカニズムのそういう凶暴な本質があることを頭の隅に入れておいたほうがいいと思います。

帝国は多様性を包括する

中田　今、大躍進の話が出ましたが、私も中国といえば文化大革命の犠牲者の話がいちばん頭に浮かびます。ジェノサイドというとカンボジアのポルポト[*3]の話もモデルとしてありますね。

＊2　太平天国　清《しん》朝末期の一八五一年、洪秀全を指導者とする上帝会が中心となり建国された国家。キリスト教をもとに清朝打倒、土地私有反対等を主張したが、清とイギリス軍人ゴードンが率いる常勝軍の連合軍に鎮圧された。

＊3　ポルポト　一九二五年頃生―一九九八年没。カンボジアの軍人、政治家。クメール・ルージュ最高指導者。一九七五年親米派政権を打倒、一九七六年に民主カンボジア政府樹立。極端な共産主義政策で一〇〇万人を超える国民が命を落とした。七九年政権を奪われた後、ゲリラ戦を展開。

ここで少し本来の帝国とは何かということをお話ししてみたいと思います。中国はもともと帝国ですし、イスラームも帝国ですし、ロシアも帝国であったわけです。我々イスラーム教徒としては、困難な道のりではありますが、今はばらばらになっているイスラームがひとつになって帝国として復活できることがいちばん望ましいことと思っております。それが私が唱えているカリフ制再興です。

帝国とは、もともと多民族を包括するものなので、同化主義はあまりとらないというのが基本です。その意味では、今の橋爪先生の中国の話は、帝国としては非常に邪道なやり方をしているのではないかと思います。帝国ではなく、むしろ民族国家、国民国家のほうに引き寄せて国をつくろうとしているのが今の中国です。

今、橋爪先生がおっしゃったように、新疆地区は地政学的にも非常に重要なので、テリトリーとして手放すことができない。そのテリトリーのかなりの部分がもともと異民族のものであるということは、中国にとっては大変都合が悪いわけです。で、いちおう形の上では異民族と共存するという体制をとりつつ、中身を全部入れ替えて中華民族にしてしまうという同化政策を現在推し進めていると。これはまったく帝国的ではありませんね。

イスラームを例にとると非常にわかりやすいのですが、本来の帝国は多民族・多言語・多宗教・多文化を包括する在り方であるはずで、それをひとつの民族、ひとつの言語でまとめ上げようとするのは、本来の帝国の在り方とは本質的に違います。その意味では、帝国の復活とは言いがたい。現在、世界の覇権を持っているのが国民国家の理念なので、そちらに引きずられているにしても、今の中国はあまりに強引さが目立ちます。その点につきましては私もまったくそのとおりだと思います。

今の中国の在り方というのは、私の考えているような帝国の復活というところからも大きく外れています。私の考える解決策は、むしろ中国を本来の意味の帝国に戻すことです。中華秩序の政治理念は儒教の王道です。王道とは仁義の徳による仁政、徳治であり、武力と権謀術数による暴力的支配である覇道のアンチテーゼです。軍や武装警察によって異民族を力ずくで抑え込むのではなく、異民族が政府の徳を慕って自発的に心服するようになるのが王化の理想です。本来の中国の多民族、多宗教、多文化が共存するような中華帝国の王道に戻していくことができるのかどうか。今のまま中国が強硬策を続ければ、アメリカを中心とする同盟国の武力を背景にする紛争に発展する成り行きが十分考えられますね。この問題の究極は、そういう話につながっていくんじゃないかと思っております。

橋爪　そうですね。

中国の歴代の王朝の中で、いわゆるイスラームに近いような融和的な帝国とは、元《げん》（一二七一―一三六八年）ではないかと思います。

中田　ええ、元がいちばんそうですね。

橋爪　元の時代は、とてもコスモポリタニズム的な世界があった。元は大陸のうち、中国の部分なのですね。そこはワンオブゼムで、大陸にはハーンが何人もいて、大ハーンの版図があるじゃないですか。元朝（中国）のポリシーよりももっと上のポリシーがある。モンゴル人は少数者で、砂漠でビジネスをやっている圧倒的多数の人びとはムスリムなので、ムスリムと調和、共存してウィン・ウィンの関係をつくるというのが、モンゴルの基本的ポリシーだったのだと思います。このときがいちばん調和的だったと思う。いわば中国の頭越しというかたちであったわけです。

でも、こうした融和的な時期は短かったですね。

中田　まったくそのとおりですね。元朝は征服民であるモンゴル人の下に主としてイラン系、トルコ系ムスリムからなる異民族の色目人を置き、金《きん》の遺民である華北の漢人、南宋《なんそう》の遺民の南人の上に立つ支配階級にしました。この時代にムスリムが中国全土に広まり、「回回は天下に遍《あまね》し」という諺《ことわざ》が生まれるほどになっています。その中から、今の回族になる中国化するムスリムが出てくるわけです。それが明代《みん》に入って元代の色目人としての特権を失ったムスリムは漢人との混血化が進みます。さらに中国文化を身につけて、中国の科挙[*4]に受かって官僚になるような人間が出てくるのが明代ですね。

橋爪　元以外の時代は、中国に住む少数民族、異民族にとっては、どちらかといえば弾圧や迫害の歴史が続きますね。

しかし今、中国共産党のやっている同化政策は、迫害のレベルをはるかに超えています。そこはしっかりと見据えなければならない。

＊4　科挙　伝統中国の文官登用試験。儒学の古典から出題する。宋代に制度が完成した。郷試、会試、殿試の三段階からなり、最終試験に合格すると高い地位が約束された。

第三章
中国的ナショナリズムとは何なのか

習近平の著書『習近平　国政運営を語る』のアラビア語版と新疆を宣伝する観光リーフレット
写真＝AP/アフロ

中国共産党の正体

――中国の政治メカニズムには凶暴な本質があるという橋爪先生のご指摘をもう少し深く掘り下げたいと思います。そもそも中国共産党とはどういうものか、我々はその正体をちゃんと把握できていない気がします。

橋爪　中国共産党が何なのかという本質論は、社会科学にとってもなかなかの難題です。なぜかと言うと、中国共産党はほとんど唯一の事例で、ほかに類例がない。類例がないから、中国共産党をうまく分析する装置も存在しないのです。中国共産党に合わせた概念をつくるほかないのですが、それでは普遍的な議論にならない。だから難しい。

マルクス・レーニン主義があるじゃないか、共産主義があるじゃないか、と言いたくなります。でも中国共産党は、どちらからも逸脱しています。

そもそも中国は、共産主義なんてやろうとしていません。

マルクス・レーニン主義は、階級闘争のため、プロレタリアの利益のために独裁的な政権を樹立する、という政治戦略を持っているわけですが、三つの代表論[*1]でも明言されているように、中国は、もはや階級闘争は存在しないという立場をとっています。じゃあ、階級闘争が存在しない社会になぜ独裁政権が存在するのか。これはわけがわからない。

つまり、中国共産党は、マルクス・レーニン主義ではないということです。かつての文化大革命は、階級闘争を前提に、走資派（つまり、隠れ資本家）に対する闘いをやり遂げない限り、社会主義、共産主義への道が開けないと言っていました。誇大妄想的ではあるけれども、マルクス・レーニン主義の体裁をとっていたのです。しかし改革開放から後は、マルクス・レーニン主義ではなくなっていきます。それを明確にしたのが、先ほどの三つの代表論です。胡錦濤を経て、習近平になると、「中国の特色ある」ということを言い始めた。「中国の特色ある」とは要するに、マルクス・レーニン主義や、そのほか西欧の価値観や考え方に左右されないということです。マルクス・レーニン主義でも共産主義でもないと自分で認めているということです。

ここまでよろしいですか。

中田　ありがとうございます。勉強させていただきます。

＊1　三つの代表論　江沢民が唱えた中国共産党の代表すべき政治的理念の三側面。「中国共産党は先進的生産力、先進的文化、広範な国民の根本的な利益を代表しなければならない」を言う。

中国共産党は国家機関でない

橋爪　中国共産党とは何か。

中国共産党とはまず、任意団体です。一人ひとりが加入したいと申請して加入するのです。審査もあります。共産党のルールと秩序に基づいて行動しています。内部の組織がいろいろあります。

このシステムは明らかに国家とは違います。国家には加入の手続きがありません。加入したいと申請するわけでもない。ほぼ自動的です。亡命したり、帰化したりする場合は本人の意思が大事ですが、普通は本人の意思とは無関係に、国民になる自動的な手続きがあります。強制的です。そして公共的です。

公共的であるという前提で、人びとから税金をとります。その税金によって公共サービスを行なうのですね。それがないと社会秩序が効率的に維持できないので、国家は存在するのです。では共産党はどうか。共産党はあってもなくてもよいのです。共産党がなくても、国家があれば国民に公共サービスができます。

さて、中華人民共和国というのはどういうものかというと、中国共産党がつくった国家です。

これはいちおう、マルクス・レーニン主義に基づくことになっていました。ソ連邦も、ソ連共産党がつくった国家でした。革命運動があって、革命が成功して、国家権力を奪取して、国家をつくり、憲法をつくった。

国家ができた後も共産党が存在します。ということは、共産党と国家の二重権力になります。二重ですけれども、マルクス・レーニン主義では、党が国家を指導するのが原則。中国共産党も単独で解放区をつくり、共産党として活動していた時期がありました。そのときには政府はなく、党と解放軍による、まあ軍政です。その後、国民党を打ち破って、権力を奪取して、中華人民共和国をつくった。中華人民共和国憲法もできた。中華人民共和国ができたのは一九四九年で、憲法ができたのは五四年です。国家があって、中国共産党がある。こういう二重権力で今に至るわけです。

中国（中華人民共和国）はなぜあるのかといえば、それは、中国共産党が中華人民共和国はあるべきだと思ったからです。なぜか。中国人民の利益を代表して、人民のために中華人民共和国を樹立すべきだと思ったからです。でも別に、人民に頼まれたわけではない。だから、天安門で中華人民共和国の樹立を宣言しているのは、共産党主席の毛沢東です。そして、国務院総理とかいろんな人が選ばれて、国家の組織ができ、その五年後に憲法が存在するようになった。

憲法と中国共産党の関係。中国共産党は国家機関なのかどうか。

それを考える補助線として、天皇と大日本帝国憲法の関係を見てみましょう。大日本帝国憲法はなぜ存在するのか。天皇が憲法はあるべきだと思ったからです。そこで、天皇が憲法を決めましたという前書きが付いている。

では、天皇は国家機関なのかどうか。国家機関であると言えます。憲法にそう書いてある。天皇の定めがある。憲法が実施に移された後、国家機関の天皇として行動するわけで、憲法の条文に、第一条「大日本帝国ハ万世一系ノ天皇之《これ》ヲ統治ス」と書いてあります。さらにその後ろのほうには、統帥権を天皇が持つなど、天皇についての規定が憲法に定められている。ならば国家機関です。

いっぽう、中華人民共和国憲法の中に中国共産党の規定があるか。よく読んでみると、そんな規定はない。中国の憲法は何回も改正され、文化大革命の直後くらいの憲法には、中国共産党についての条文があったようなのですが、改革開放が始まってからは消えてしまいました。だから今の中華人民共和国憲法には中国共産党の規定がない。つまり、中国共産党は国家機関ではない、と言えます。

それをいえば、ソ連共産党も国家機関ではないし、ナチスも国家機関ではありません。つまり、任意団体です。憲法の前文に中国共産党が頑張ったので中華人民共和国ができました、よかったですね、みたいなことが書いてありますが、それは前文に書いてあるだけです。条文に書いてあるのではない。

ところが、憲法には何も規定がないのに、憲法ができた後も中国共産党がずっと中国を指導している。国家と政府を指導している。これは憲法によって指導しているのではない。事実問題として指導している。これはとても異様なことなので、よくよく注意しないといけません。

中国の統治システム、中国共産党とは、こういうものなのです。

次に、中国共産党はなぜ存在するのか。その理由は、憲法にはもちろん書かれていない。中国共産党の「章程」(規約)にも、中国政府と人民を指導しますという規定や規約が書かれているわけではない。組織原則的なことがたくさん書いてあるだけ。ですから、中国共産党がきちんとした合法的な権力を持っているとは言いにくい。

中国共産党を縛るルールは、中国の国法でもなく、憲法ですらないのです。それらを超えた超法規的な存在が中国共産党である。このことを認識することが中国共産党を理解する第一歩です。

ここまでで、何かご意見はありますか。

中田　非常に面白いですね。ちょっと一言だけ感想を。共産党に限りませんが、国家ができるときに、憲法はその後かなり時間を置いてできるわけですね。例えば、今のイラクの場合。イラクにアメリカ軍が入って、サダム・フセイン政権[*2]を封じて、その後で力がある者がとりあえず臨時政権をつくる。憲法は、その後時間をかけて、その権力に都合のいいようなかたちでつくられていくんですね。

イランもそうです。イランは実際にはホメイニ師[*3]のカリスマによってできたわけですが、彼らは中国共産党のような強固な組織を持っていませんでした。けれども、イスラーム法学者のネットワークが権力を握って、最高指導者を憲法の中に書き込むというかたちで実現させた。ただし実際に権力を握っている法学者については、憲法の中に書き込まれない。その意味では二重権力ともいえるわけです。しかし、中国共産党の場合は一切憲法の縛りがない超法規的な存在で、しかも非常に強大な組織であるという事実は、なかなか我々には理解しにくいというのが今のご説明でよくわかりました。

橋爪　今、イスラームの例を挙げていただきました。

西側の例では、国ができ、憲法ができると、それらを定めた憲法制定権力は雲散霧消してしまって、総選挙であらわされる国民の意思、これがその国にとっての究極の権力であるという循環ができ始めるのですね。イスラームの場合は、その外があるから国民が参加したかたちの循環ができにくいですね。

中国の場合には、国のほかに共産党が二重にあるから、この問題がより赤裸々なかたちで現れているわけです。そこで、中国という国がある限り、中国の人びと自身が、中国共産党はなぜ存在するのかという問題を目に見えるかたちで問い続けなければならない。西側の人びとも当然そう思う。

さて、中国共産党などというものは、伝統中国にはなかった。近代中国になってから存在しているものです。なぜこれが存在するのか、中国共産党自身が答えなければならないのです。さもなければ存在しなくていいのじゃないかという話になる。

＊2　サダム・フセイン　一九三七年生―二〇〇六年没。イラク大統領。イラン・イラク戦争、クウェート侵攻による湾岸戦争を起こし、多国籍軍に敗北。イラク戦争で拘束され、二〇〇六年に死刑。

＊3　ホメイニ　一九〇二年生―一九八九年没。イラン革命の最高指導者。一九七九年のイラン・イスラーム革命に伴う臨時革命政府の樹立に伴い、イラン・イスラーム共和国を成立させ、イマーム（宗教指導者）の称号を与えられる。大アヤトッラー（シーア派最高宗教指導者の称号）の一人でもあり、一九八九年の没後は、ハメネイが後継者に選任された。

中国共産党の答え方はこうです。「正しいから存在する」。中国共産党は正しいのです。人民は間違えるし、国家も間違える。そこで党が、人民と政府を指導しなければならない。指導することによって、よりよい状態が実現する。だから存在する。これが指導ということの意味です。指導する権限が共産党にあるのは、共産党が常に正しいからです。

では、共産党が正しいことはどのように保証されるのか。マルクス・レーニン主義によれば、共産党は正しいのです。だから共産党の正しさは保証される。共産党はなぜ正しいのか。それは科学的社会主義だからです。科学というのは真理にアクセスするものです。だから、共産党だけが真理にアクセスして、正しさを手にする。共産党以外のどんな組織もそういう能力がないものとみなす。

その前提としてこういう議論があります。

この世界、この社会は、階級闘争によってできている。階級闘争は、人類史を貫く普遍的な法則です。ただこの法則は覆い隠されていて、普通、認識できない。人類の歴史が階級闘争であるという普遍的な真理を認識したのは共産主義者だけである。まず、カール・マルクスが認識し、エンゲルスが認識し、レーニンが認識し、スターリンが認識し、彼らが本を書き、その本を読んで勉強した共産党の知識人や官僚たちが認識している。共産党に属しない人びとは認識していない。共産党以外にもたくさんの知識人や政治家がいるではないか、なぜ彼らは正しい法則を認識できず、共産党だけが正しい認識をできるのか。それは、階級意識というものがあるからだ。

階級闘争があるならば、人びとはブルジョアジーとプロレタリアに分かれるのです。[*4] プロレタリアは正しい認識をし、ブルジョアジーは正しい認識をしない。階級意識があるからね。被抑圧階級は正しい真理を認識するが、ブルジョアジーは虚偽意識あるいはイデオロギーにとらわれて、必ずバイアスを持って世界を見るので、間違えて認識している。共産党を弾圧しようとしたりする。そこで共産党は頑張って、真理に基づいて組織をこしらえ、革命運動をして、国家権力を奪取し、それを守り抜いて社会を正しい方向に導いていくのである。

中国共産党もはじめ、こういう考え方をしていました。中国社会にも階級闘争がある。その階級闘争の真理を認識するのは唯一、中国共産党である。革命を実行し、現に革命で勝利した

＊4　**ブルジョアジーとプロレタリア**　資本主義社会では資本家階級をブルジョアジーと呼び、彼らに雇われる賃金労働者階級をプロレタリアと呼ぶ。被搾取階級としてのプロレタリアがブルジョアジーの支配的体制を打倒し、社会主義社会を建立する試みはマルクスによって予言・先導されたが、社会主義革命の一例としては一九一七年のロシア十月革命が挙げられる。

わけだから、その正しさは証明されている。よって、中華人民共和国を指導する十分な資格がある、文句あるか。こういうロジックなわけです。自分だけが真理で、ほかの人びとはすべて目が曇っている、という議論ですね。

　正しさの根拠をずっとさかのぼっていけば、科学という概念、そして、虚偽意識、イデオロギーという概念に行き着きます。だから、中国共産党はイデオロギーと不可分なのです。

文化大革命から改革開放へ

橋爪　さて、この結果どうなったかと言うと、中国の社会建設がなかなかうまくいかない。どうしてだろう。人民が間違うからか。政府の能力が足りないからか。それもあるが、資本主義の手先がまぎれ込んで、反革命を実行しているからだ。ということで、反右派闘争で右派を攻撃した。プロレタリア文化大革命では、中国共産党の組織の中にいる幹部を捕まえて、走資派だとして打倒したり、思想改造を行なったりした。その混乱のさなか五〇〇〇万人とも言われる人びとが命を失ったのです。でもそうした被害は、共産党が正しさを追求し、革命を進める過程での犠牲である、共産党は間違ってはいない、と考えることになっていた。
　けれども、落ち着いて考えてみると、共産党が正しいかどうか疑問です。特にプロレタリア文化大革命を実行する意味がどこにあったのだろうか。

そこで、文化大革命で打倒された鄧小平が復活し、共産党の再定義をします。文化大革命は間違いだった。それは四人組が悪かった。残りの共産党の人びとは間違っていなかった。毛沢東は少しだけ間違えた。三〇パーセント間違えたが、七〇パーセントは正しかったのだから、毛沢東が樹立した中国共産党は引き続き存在してよい。正しさの規準になる。これからは「鄧小平理論」（自称ではなく、後から付けた名前だと思います）によって、改革を進めていこう。ということで、鄧小平の考え方に引き継がれるわけです。

さて、その改革の中身は、経済建設のために「市場経済」（一九九二年からの言い方）を取り入れる、という方針の大転換でした。マルクス主義の用語では、市場経済・イコール・資本主義のことです。ですから、共産主義を掲げる共産党が自ら先頭に立って資本主義を実行することになります。

これは大幅な方針転換です。大幅な方針転換ではあるが、こういうことは共産党でなければ思いつかない。共産党は正しいのだから、歴史法則の必然を理解している。そこで、人民や国家を指導して、改革を進め、社会主義市場経済の建設に邁進《まいしん》しよう、というわけですね。その後、現に、その経済建設がうまくいっているわけだから、この指導が正しかったことは証明されている。代が替わっても、その強気なロジックだけは不変なのです。

八〇年代の末に、天安門事件がありました。指導部のうち、民主派や自由派だった人はどんどん追い出されて、江沢民が出てきます。江沢民は先ほどのべたように、階級闘争を棚上げにするという三つの代表論を言い出した。共産党は広範な人民の利益を代表する。その広範な人民の利益とは、農民や労働者だけではなく、商店主や起業家、資本家も代表するということです。そこで企業経営者や資本家も、共産党に入党できることになった。

そんな大方針転換に、華国鋒《かこくほう》*5は頭に来て、「俺は毛沢東からそんなことは聞いていない。そんな共産党なら脱退してやる」と、華国鋒と同調する何人かは共産党を離脱してしまった。古参の共産党員からすれば、三つの代表論はありえない理屈ですからね。しかし、共産党は常に正しいわけなので、九九・九パーセントの共産党員は、ついていこうということで、江沢民の新しい体制に乗っていく。以後その流れで、胡錦濤、習近平に至るわけです。

一党支配はまだ必要なのか

中田　なるほど。中国にとってはとんでもない大方針転換を、中国共産党はいとも簡単にやり遂げてしまうのですね。資本家を糾弾した文革とは方針が逆行しているわけですからね。

橋爪　はい。原則としては共産主義ではなくなっているのですからね。

しかし、ここで大きな問題がある。大方針転換を断行し、中国が資本主義建設で立派な国づくりをすると決めたのはいいとして、そこに中国共産党が必要なのだろうか、という問題です。一党支配は普通、必要ないのです。社会主義市場経済への切り換えは確かにうまく行ったけれど、共産党がなくてもうまく行ったのではないか。そういう疑念が潜在的に浮かびます。その疑念に、理屈では対応できないので、権力的に政治主義的に対応しているのだと思う。

習近平政権になってから、治安対策として、国家安全維持法[*6]などがつくられました。これをよく読んでみると、体制の変革を実行したり、そういうことを考えたり、煽動《せんどう》したりする人間を犯罪者として取り締まると書かれている。これは大日本帝国の治安維持法とよく似ています。

＊5　華国鋒　一九二一年生―二〇〇八年没。山西《さんせい》省出身。中華人民共和国成立後、国務院中央政務、党第一副主席兼首相を歴任。毛沢東の死後、党主席、中央軍事委員会主席を兼任。

＊6　香港国家安全維持法　二〇二〇年六月三〇日、中国全人代常務委員会は香港での反体制活動などを取り締まる国家安全法制度の実施法を可決、同日施行。実施法となる「国家安全維持法」は、(一) 国家からの離脱、(二) 転覆行為、(三) テロリズム、(四) 香港に介入する外国勢力との結託を犯罪行為と定め、最高刑は無期懲役。同法施行により一国二制度は実質的終焉《しゅうえん》に。

治安維持法も、「国体の変革」を計画しただけでも犯罪とみなしたけれど、これは日本共産党を取り締まるためのものだった。天皇が主権者である国体を覆そうと、集まって相談すると犯罪になるのです。

中国の国家安全維持法も、中国共産党の一党支配を覆すことを考えただけで犯罪になる。香港もこれで、民主化活動やデモが息の根を止められてしまいました。新疆ウイグルも同様です。独立運動や体制批判のデモなどは、分裂主義のレッテルを貼られ、刑事犯として取り締まられます。

さて、ここが肝心なのですが、この国家安全維持法がうまく施行されているということは、共産党の一党支配が正当であることの証明に成功していないということなのです。成功しているなら、香港もウイグルも、弾圧する必要がない。論争すればいいわけだから。論争しないで弾圧しているということは、その正当性に問題があるということ。それを中国共産党自身が自覚しているという意味です。以上が私の現状分析です。

一党支配とナショナリズム

中田　香港をはじめ、ウイグルやその他の自治区への弾圧をここまで強行するということは、おっしゃるとおり、その正当性に問題があるからなのだろうと私も思います。それを当局は一切認めないだろうと思いますが。

橋爪　共産党は絶対正しいのですから、自分から反省することはありえません。歴史的な方針の大転換をとげ、中国共産党はなかなかのパフォーマンスを発揮して、経済を発展させてきてもいます。しかし実は、そこに中国共産党の弱点もある、と私は見ています。

経済が発展しているから正当だ、ということは、経済が悪くなると正当性が揺らぐ、ということです。だから、米中衝突が深刻になるなどして、西側世界が寄ってたかって中国をいじめた場合、中国共産党は経済成長を続けるのが難しくなってしまいます。そうすると、正当性が揺らぎかねない。これが弱点になります。

中国が今、とっている作戦。それは、経済戦略・プラス・それに中国民族の誇りを上乗せすること、つまり、ナショナリズムだと思います。

ナショナリズムは、経済が好調なときも、不調で苦難にあえいでいるときも、自分たちは団結してこの困難を切り抜けるのである、というアイデンティティを与えます。このナショナリズムの政党としてなら、中国共産党は生き残れる。だからこそ、あれこれ手を尽くして人民の積極性を導き出すことに必死なのです。そうやって、ナショナリズム超大国への脱皮を図っているのだと思います。

ナショナリズムは、よく知られているように、絶対王政から近代国民国家に移行しようとする時期に、西欧世界で出てきたものです。普遍主義ではなくて、民族主義です。自分たちは自分たちで、ほかの人びととは違う。ですから、人類の部分集合を正当化するものです。マルクス・レーニン主義とは真逆です。国際共産主義とも真逆です。そういう普遍主義ではなく、中国（漢民族）の文化、伝統、習慣に根差さないと、中国ナショナリズムは建設できないんです。

中国共産党は実は、かなり前からナショナリズムだった、と私は見ています。その明確な転換点は、中ソ論争[*7]でした。中ソ論争で、ソ連がスターリン批判をしたのをとらえて、中国はソ連のことを「修正主義」だと決めつけた。そして、スターリンは正しいと言った。実はスターリンのことなどどうでもよく、『毛沢東選集』さえあればよかった。このときから中国共産党の人びとは、漢字で書かれた中国語の文献を読むだけで共産主義者になれるという、民族主義にどっぷりはまったナショナリズムを、党の基本方針に置き始めたわけです。インターナショナリズムであったら、マルクスを読まないで共産主義者になることはできません。そのほか、横文字の文献を山のように読まなければならない。でも、中国共産党ではそんなものは読まない。読む必要もない。『毛沢東選集』を読めばそれですべて事足りる。

では、『毛沢東選集』は絶対なのか。そうではないところが、中国共産党です。毛沢東が引っ込むと、今度は鄧小平理論を読む。江沢民が出てくると、鄧小平理論もだんだん読まなくなり、三つの代表論を読む。次に胡錦濤の科学的社会主義とは何かといった論文を読み、今は習近平思想を読んでいる。そのたびごとに学習するテキストが変わって、そのテキストでもって自分の頭の中を上書きする。集団で学習して、そのように考え、そのように行動する。そういう膨大な集団ができ上がっているわけです。

漢文で書いたテキストを読んで、そのとおりに行動する集団が政治を行なう。こういうやり方は、儒学そのものなんです。その儒学のやり方に、マルクス・レーニン主義の政党だった中国共産党が、先祖返りしている。それが、中国共産党のナショナリズムの実態だと思います。

共産党を儒学のやり方で運営すると、どうなるか。儒学には、指導する人／指導される人、の二重の構造がある。字を読むのは難しいので、字を読める知識人／一般大衆、の間に大変な

＊7　中ソ論争　中国・ソ連の両共産党間の国際共産主義運動の原則等をめぐる論争。一九五六年、中国からのスターリン批判に加え、またスターリンの死後のソ連による資本主義国との平和共存路線への批判を発端とした。一九六九年には国境での武力衝突にまで至った。

ギャップがある。彼ら知識人の指導を認めざるをえない。だから、中国共産党の幹部らは、そういう意味での文人官僚になって、この社会を、政治的にも経済的にも文化的にもすべてコントロールするというやり方になる。これが中国的ナショナリズムであり、漢民族のナショナリズムであるのです。

中国的ナショナリズムの弱点

橋爪　しかし、その中国的ナショナリズムを動かしていくには、弱点がある。中国が多民族であることです。中国の人びとの八五パーセントから九〇パーセントほどが漢民族なのですが、ほかに少数民族がいるのです。少数民族が集まった多民族国家であるということは、国民党も、中国共産党も、当然踏まえています。中華人民共和国憲法にも書いてあります。

多民族とは、漢民族のほかに、回族とかチベット族とかモンゴル族とかウイグル人とか満洲族とか苗族《ミャオぞく》とか、がいるということです。彼らは必ずしも漢語が母語ではない。そういう文化も言語も違う人びとをなぜ中国共産党が支配するのかという問題がある。もし階級闘争があるなら、少数民族の利益を代表する中国共産党が彼らに代わって戦うという理屈も成り立つ。ナショナリズムの場合、この少数民族をどうやって中国共産党が代表できるのかという問題が起きてくる。

これが、チベット問題の本質で、内モンゴル問題の本質で、新疆ウイグル問題の本質なのです。

何が問題かといえば、中国共産党がナショナリズムの政党だからです。中国共産党がナショナリズムを進めれば、漢民族のナショナリズムと見えますね。漢語でやるのだから。この論法でいえば、チベットのナショナリズム、ウイグルのナショナリズム、内モンゴルのナショナリズムがあっていいことになる。

しかし、それでは中華人民共和国は維持できない。そこでキーワードは「中華民族」になります。

中華民族とは中国語になかった言葉です。孫文の初期の文献にはないんです。その後、発明された。孫文ははじめは五族協和を提唱していました。五族協和とは、まさに民族のサラダボールじゃないですか。その思想に中華民族という名前は当たりません。けれども、辛亥革命[*8]の後くらいから、梁啓超《りょうけいちょう》[*9]などが中華民族という呼称を考え出した。そして、いろいろ文章を書きまくって、日本で「シナ人」と言われていた人びとのことを、中華民族あるいは中国人と呼ぶようになったのです。その中にはチベットやウイグルや内モンゴルも含まれていて、漢民族をひと回り大きくしたものなんですよ。

中華民族はとりあえずフィクションでした。でもやがて、実態を持ち始めた。中華民族を土台として中華人民共和国が成立したのだから、中国共産党は中華民族を代表するのだというストーリーができた。この中華民族に、チベットやウイグルが統合されているか。統合されていなければ、本当にフィクションになってしまうんです。中国共産党にとってここは、譲れない一線だと思います。

伝統と西洋のキメラ

中田　非常に説得力のある分析で、中国ナショナリズムの背景が理解できました。ありがとうございます。おっしゃるとおり、中華民族という言葉は、孫文の時代から、いろんな議論がある中でつくられていくわけですが、孫文も五族協和と言いながらあまり本気ではなく、漢民族主義が強かったと思います。
そもそも漢民族の孫文ら革命勢力の目標自体が、長きにわたって続いた清という異民族王朝を倒すことですからね。清を建国した満洲（女真）族は、もともと中国の東北地方を原住地とする二〇〇万人足らずの少数民族です。その意味では、中国はすでに異民族支配というものを経験済みといいますか、その分、少数民族への警戒心があるのかもしれません。
そこで、今のお話を受けて、西欧と中国を比較することで、私なりに中国ナショナリズムの背景を探ってみたいのですが、よろしいでしょうか。

橋爪　はい、お願いします。

中田　新約聖書学でありつつ比較文明論でも活発に議論を発表している加藤隆先生[*10]という方がいます。キリスト教学に詳しくない方には取っつきにくいかもしれませんが、その議論に則ってお話しすると、西欧にユダヤ教とキリスト教が入ってきて、社会の類型がつくられます。加藤先生の社会類型論によると西欧社会の基本構造は、大きく分けて、指導する人間と指導される人間とで構成されていることになります。貴族社会においては貴族が指導する人、一般庶民

＊8　辛亥革命　一九一一年、清朝を倒し中華民国を樹立した中国の共和主義革命。一九一二年一月、孫文を大統領として南京に臨時政府をつくり、中華民国成立を宣言。同年二月袁世凱が清朝の宣統帝を退位させ、孫文に代わって大総統就任。袁世凱の専制的政治で革命の理念は破れた。

＊9　梁啓超　一八七三年生―一九二九年没。広東省出身。清末・民国初期の政治家、啓蒙《けいもう》思想家。

＊10　加藤隆　一九五七年生まれ。神奈川県出身。千葉大学大学院人文科学研究院教授。聖書学者。一九九二年に仏ストラスブール大学プロテスタント神学専攻（博士課程）。神学博士。

は指導される人となります。

　その指導する人間がキリスト教徒であれば、いちばん上に聖職者がいて、その下に王侯貴族が来て、その下に指導される側の民衆が来るというかたちになっている。こうした類型について、加藤先生はパウロの神学から説明していますが、これはキリスト教学や聖書学で言うところの信仰義認論、無律法主義パウロ主義の信仰義務とはまったく違うものなので注意が必要です。

　少し脱線しますが、詳しく説明しましょう。新約聖書学者としての加藤先生は、新約聖書には救済について「神に任せる」と「人による人の支配」のふたつの立場があると言います。「神に任せる」立場は、イエス、「主の兄弟」ヤコブ、福音書記者マルコぐらいであり、それ以外は「人による人の支配」の立場であり、これが後の教会の正統教義になり、西欧キリスト教社会の基本類型になる、と論じます。この「人による人の支配」の立場は、「パウロ的教会」の運営に関わっていたパウロの言行が新約聖書のパウロの書簡群、「使徒行伝」からその具体的な実態をかなり詳細に読み取ることができます。加藤先生は、「パウロは、たった一人で、後の二千年のキリスト教の〈教会〉の姿の縮約版を演じているような観がある」とのべています。

　長くなりますが、以下に加藤先生の言葉を引用しましょう（〔　〕内は中田の補足）。

ギリシア的一般民衆にとっては、世界には、「神々」と「普通の人間」がいるとされている。ただし、普通の人間の姿をしていれば、そのような者については、まずは「普通の人間」だと考えている。（中略）この二人（バルナバとパウロ）によって、奇跡が実現した。バルナバとパウロは、人間のような姿をしているが、普通の人間ではない、ということが判明する。ギリシア的一般民衆は、彼らを「神々」と位置づける。そしてそれに見合った態度をとる。このエピソードでは、「ゼウス」「ヘルメス」に対する、犠牲祭を行おうとする。

これに対して（中略）「バルナバとパウロは、（一般民衆と）同じ人間だ」という立場を、民衆に強制する。

民衆は、「バルナバとパウロは人間」という立場を受け入れたことになる。（中略）ギリシア的一般民衆の人間観によれば、奇跡を実現した「バルナバとパウロ」は、人間の姿をしているが、実は神々である。そのような二人を「人間」として認めさせられた。奇跡を実現できる「バルナバとパウロ」が「人間」ならば、一般民衆は「同じ人間」でなく、「ダメ人間」である。（中略）

そもそも「私たちは、(あなたたちと)同じ人間だ」といった台詞を「普通の人間」が「普通の人間」に言うような機会は生じない、ということに気がつかねばならない。本当に「同じ人間」ならば、そんなことを言葉で表明する必要もない。「私たちは、同じ人間だ」といった台詞は、優れた者が劣った者に言う台詞である。そして、言葉の表面の意味にかかわらず、この台詞は恐るべき機能を果たしてしまう。

優れた者と劣った者とは無関係だということが否定されている。「優れた者は、我々には無関係だ」と別の領域に押しやってしまうことができなくなる。そして、優れた者と劣った者が関係を持つならば、優れた者が劣った者を支配することになってしまう。「人による人の支配」の構造が設置されてしまう。

「すべての人間は同じ人間」という立場を押し通すことは「平等主義」かもしれないが、同じでない人間を同じにするのではなく、優れた者による劣った者への支配を生じさせてしまう。区別があるのに区別せず、「同じ」だとすると、単なる区別が、重苦しい支配関係に変わってしまう。

キリスト教にこのような「人による人の支配」の構造が準備されていることは、後にキリスト教がローマ帝国の国教とされて、西洋世界の大きな柱の一つとなる上で、きわめて重要である。

（加藤隆『武器としての社会類型論—世界を五つのタイプで見る』講談社現代新書、二〇一二年）

指導する人間と指導される人間という類型が、やがて偉い人間とダメな人間という区別を生み出す。特にカトリックでは、それが支配的になっていき、聖職者たちの権力支配というものにつながっていきます。そして聖職者たちは、人間の心の中も指導するようになってくる。それが人による人の支配の原型であり、民主主義というものも、実はその構造を持っているという話になるわけです。

先ほど、儒学を基盤とした政治は、指導する人と指導される人の二重構造になっているという話がありましたが、中国の場合は指導というよりは、むしろ管理だと思います。上の人間が下の人間の外面的な行動を管理はしますが、内面的な指導はしないというのが中国の政治だと思います。

指導者は理念的には君子であることが求められます。その意味で、指導者にはあまり自由がないわけですね。儒教の倫理から離れられない。けれど、民衆はそういう勉学を求められない。普通の民衆は儒教なんかやらないわけです。むしろ生活の中で生きているのは道教のほうで、そういう社会なんです。だから民衆は管理はされるけれど、それ以外の部分では放っておかれる。そういう意味では小さな自由があるともいえます。

この話を土台に考えますと、中国の共産党とは、中国の伝統と西洋とのハイブリッドではないかと思うんです。ハイブリッドというとかっこよく聞こえますが、私の感覚でいえば、人間社会の中に登場したキメラです。[*11] むしろ化け物的なニュアンスですね。

皇帝や司祭という管理するエリート、それに中国共産党が取って代わっている。中国の伝統からいえば、仁と能力を兼ねそなえた君子が下々を管理する。そんな君子や賢人を選ぶのが科挙の制度であって、その人数は限られていたわけです。ところが今の中国共産党は巨大な組織になっていますので、その管理するエリートが肥大化してきている（現在、党員数は約九五〇〇万人）。

儒教の伝統的な管理の思想と西欧キリスト教の人民の思想に対する教会の霊的支配の思想が習合して、中国共産党というキメラができた結果、本来は自由であったはずの庶民や少数民族に中国共産党の思想を押しつけようとしている。これは中国のもともとの管理の思想とは違うものではないか。西洋化の悪影響として今の中国的なナショナリズムが生まれたのではないか、という気が私はしているのですが、いかがでしょうか。

人間はなぜ不平等になりうるか

橋爪　加藤隆先生の議論を下敷きに、いろいろ説明いただきました。議論はとても興味深く聞きました。でも私としては、異論が浮かびます。

まず第一に、人間と人間の間に違いがあるかどうか。人間が、支配する人間と支配される人間に分かれるのかどうか。答えは、違いがあるに決まっており、分かれるのに決まっている、です。政治とは、そういうものです。

これはどの文明にも共通のことです。ヨーロッパ・キリスト教文明であれ、イスラーム文明であれ、インド文明であれ、中国文明であれ、必ず人間の差異や、支配／被支配の関係はあります。現代社会にも当然あります。現代の西欧文明にもあるし、現代の中国にもある。これは普遍的な現象ですね。

では、文明ごとにどう違うかといえば、それをどう理解するか、どう正当化するか、が違い

＊11　**キメラ**　同一の個体内に異なる遺伝情報を持つ細胞が混じっている現象。ギリシャ神話に登場する怪物キマイラの名に由来する。

ます。また、宗教と支配／被支配、政治の関係をどう組み合わせるかで、違ってきます。加藤先生の議論は、こうした組み立てがあるものの、中国と西欧は類型が違うのだ、で割合するっと通り過ぎているように思います。もう少し細かく見ていったほうがいい、というのが私の考えです。

パウロやバルナバの話がありました。偉い人間、偉くない人間がいるという議論を、加藤先生はパウロ主義と呼んでいます。まずこの議論に異を唱えれば、キリスト教、あるいは一神教では、人間は被造物であるから、神の目から見て平等だとされます。人間の中に偉いも偉くないもない。これが基本です。ユダヤ教も、キリスト教も、イスラーム教も、この点はまったく同じです。一神教は世界でも珍しい人間平等主義なのです。

それにしては、キリスト教世界に、どういうわけか人間の差異がある、これはどうしてか。パウロとバルナバが出てきて、新約学がそれをどう解釈したかという話になりました。平等なのに差異があるという論理がどう導かれているかというと、ひとつは聖霊なのです。神は神というかたちをとりながらも聖霊というものになり、すべての人に降り注ぎます。聖霊によって駆動されている人びとが、使徒や聖人です。そういう役割を担うのは、目覚めた人間です。そうでない人間は、聖霊が働いていることに気がついていません。だから、目覚めて気がついている人間が、そうでない人間にメッセージを伝える。福音とは、こういう構造をしているわけです。

そこで、人間同士の間で、指導する／される、指揮する／監督を受ける、という上下関係のようなものが生まれてきますが、その主軸はあくまで、神・聖霊に由来します。人に由来するものではない。パウロも、この点はよーくわかっているわけです。

このパウロの指導的権威、聖霊の権威が、その後どう展開して行ったか。教会というものになった。

教会が、パウロの個人の権威とどう違うかと言うと、組織化されているという点です。教会は組織であって、そこに聖霊がはたらいている。神の権威が授権されている特別な組織です。

こういう組織はイスラームにはありません。もっといえばイスラームには存在できないのです。存在できない理由は、聖霊がないから。神が人間の組織に神の権限を授権するという考え方がないからなんですね。

イスラームにあるのは、カリフを選ぶ、あるいはイマームを選ぶ。カリフの代理人や後継者を選ぶ。こうした個人への授権の関係はあっても、そこに組織が登場することはない。

でもキリスト教会は、組織があって、職位（ポジション）があって、そのポジションが神の委任に基づき権限を執行するという考え方がある。この考え方は、ご指摘のとおり、容易に人の支配に移行します。

ただし、人の支配といっても、根源的に言えば、教会の政治的な支配ではないんです。教会が行なうのは、「執《と》りなし」というものです。

執りなしとは何か。救いとは、神が救い、人が救われることです。では、人は救われるだけで、何かできることがないのか、何もできないのか。厳密に言うと何もできません。献《ささ》げ物《もの》や正しい行動といった人間のわざはみな、無意味であって、ただ神の恩寵《おんちょう》、恩恵によってだけ救われる。これはパウロの言い分でもあるし、福音書の重要なテーマでもある。

執りなしとは、神のそういう絶対的主権を認めながら、そこに人間から口添えをし、神のわざに介入する横からの口出しです。この執りなしが、人に対する支配の実態です。執りなしをしてやるぞ。あるいは、おまえの執りなしなんかしてやらないぞ。場合によると、破門するぞ。こんなふうにして人を支配しているのが教会のやり方ですね。

これは政治的支配とは違います。政治的な支配は、言うことを聞かないと、おまえを殺すぞ、です。ですから、肉に対する支配です。教会の支配は、言うことを聞かないと神がおまえを救済しないぞ、となる。だから、人に対する支配が、二元的なのです。それがヨーロッパの深い伝統であると、私は理解しています。

中田先生のお話は、おおむねこの解釈に沿っていますが、加藤先生のご議論は少し逸脱があるような気がします。とりあえずの私の感想でした。

中田　これはあくまでもキリスト教をモデルにした社会類型論であって、正統神学的には橋爪先生のおっしゃったとおりで、それには別に反論はございません。

加藤先生のほうは、西欧社会ではキリスト教が入ってくる前から現在に至るまで、伝統も含めて、通底するようなかたちで「人による人の支配」があったのではないかという前提に立った議論です。そうであるとすれば、今の中国共産党の在り方は、中国の儒教的な伝統に悪いかたちで西欧的な類型を取り込んだ変異種、異形のキメラではないかと、そんな印象が強かったものでお話ししてみました。

橋爪　なるほど。大事な点です。

では、西欧文明がどう組織運営をしているかについて、私の理解を少しのべてみます。教会の支配がずっと続いた後、宗教改革[*12]があって、教会の支配が緩んで、社会が世俗化しま

＊12　宗教改革　中世カトリック教会を分裂させ、プロテスタント諸教会を樹立させた一六世紀に起こったルターやフスらの一連の教会改革運動。

す。これが近代社会であり、西欧列強の文明です。ここで聖霊という言葉は後景に退き、代わって社会を主導するのが理性です。

理性は、イスラームにもあると思いますが、キリスト教にももちろんあり、神から与えられたもの。そしてすべての人間に同型の理性が与えられているのです。

まず、この理性は、自分の努力で研ぎ澄ませていくことができる。そして、応用できる。だから、神学の骨組みをつくる。数学、自然科学をつくる。社会に適用して社会科学をつくってもいい。

そして、理性の結論は、誰がやっても同じになるので、教会と無関係である。だから、教会は理性の活動に介入しないのが正しい。宗教改革からあとでは、そのように主張されるんですね。

そもそも宗教改革は、宗教運動です。それを転機に、キリスト教が世俗化していくと、教会とは無関係に人間の理性を使ってものごとを理解するという考え方が主流になり、理性の可動枠が一気に広がっていくんですね。天文学が出てきて、進化論が出てきて、数学、自然科学が出てきて、社会科学が出てきて、そこからさまざまなものが生まれていった。こうした文化・教養の発展に、西欧の人びとは、これでいいと自信を深めたわけです。

そこで、人間をどう定義するようになったか。神に創られた人間はみな平等である。しかし、理性の光に照らされた人間と、その光をまだ十分受けていない人間と、二種類いる。という解釈が、その定義に加わるわけです。つまり、理性の力を十分使っている人間こそが人間たりえて、その人間には自己決定権と自己責任がゆだねられていると。

この論法で行けば、第三世界の発展途上の人びとは、理性を十分使っていないので、自己決定権がなく、主権国家をつくることができない。だから人びとが理性を手にするまで、我々が半人前の彼らに代わって統治をしてあげよう。ということで、植民地にしてしまう。西欧の植民地をつくっていいという考え方の根拠は、さかのぼっていくと、理性を行使しているかどうかに由来するんです。

加藤隆先生のおっしゃるような、偉い人間／そうでない人間がいるという古代以来の図式を、国際社会に投影して人の支配の類型ができるという筋書きではなくて、今のべたような啓蒙思想や社会契約説、国際関係論などによって、筋道を追うほうが正統だと思います。だから、読者もそのように考えていただきたい。

中田　はい、橋爪先生が論じていらっしゃるのが現在のキリスト教神学の通説です。私はあくまでも、それを押さえた上でのアンチテーゼとして、この議論を出しています。理性の行使がやがて西欧の植民地政策につながるというお話は、大変興味深かったのですが、当時、文明国というのは基本的には西欧だけだったわけですね。そこで未開な人びとの住む地域は、今おっしゃった理性の論理で植民地化されていく。

ただ、そのときに、完全に植民地化できない世界もあったわけです。特に大きかったのがオスマン帝国[*13]です。これはヨーロッパに入れるか入れないか、いつも揺れていました。そして、もうひとつは中国だったわけですね。その中国が西欧の影響を受けて、やがてハイブリッドキメラになり、怪物化するという見方は、ある意味、そうした西欧文明へのアンチテーゼとしてある、ということもできます。

——植民地政策などで急速に世界の西洋化が進んでいったときに、さまざまなところで価値観の化学変化が起きたということでしょうか。例えば周恩来[*14]や鄧小平も、西洋に留学して共産主義を身につけて戻ってきた、ある意味西洋化された人間だと言えると思いますが、その中で、中国共産党という中国の伝統と西洋化のハイブリッドキメラのひとつの様態として習政権が出てきた。そしてそれが今、特殊なナショナリズムを覇権主義的に出すに至っているという、そういう理解でよろしいんでしょうか。

橋爪　毛沢東は、留学をしていなくて、中国土着の伝統の要素が大きい人間だと思います。

中田　そうですね。私は中国文明については素人ですので、橋爪先生のほうがお詳しいと思うのですが、中国のナショナリズムに関しての私の印象を言えば、西洋化とあいまってそういう屈折している部分が見受けられるということになります。

橋爪　結論から言うと、中国のナショナリズムは、中田先生がおっしゃったようなハイブリッドないしキメラになるんでしょう。けれども、その現状に至る筋道は、もう少しぐにゃぐにゃと屈折していると思います。

大英帝国と中華帝国

橋爪　現代中国は、現状、ナショナリズムというより、ウルトラ・ナショナリズムとして展開していると言えます。こうなるとは世界も思っていなかったし、おそらく中国自身も思ってい

＊13　**オスマン帝国**　西部アナトリアに建国されたイスラーム王朝（一二九九ごろ―一九二二年）。オスマンと名のるイスラーム戦士（ガーズィ）をリーダーとする小集団から発祥し、第一次世界大戦後の滅亡まで西アジアやバルカン、北アフリカの大部分の地域を支配した。

＊14　**周恩来**　一八九八年生―一九七六年没。江蘇《こうそ》省出身。日本とフランスに留学。国共合作、抗日戦に尽力し、戦後は毛沢東を補佐し、国務院総理、党中央委員会副主席等を歴任した。

なかったでしょう。我々は今、大変意外な場所に出てきてしまっていると思う。

中国がどういうアイデアによって前進して来たのかを、まず考えてみます。

伝統中国とはどういうものか。伝統中国とは、秦《しん》の統一から漢、それから隋、唐《とう》、……とずうっと行って、宋があって、元があって、明があって、清があって……と、いくつも帝国がありますす。秦を除いて、すべてに共通するのは、第一、儒学を基本にしていること、第二、中央集権的な官僚制国家であるということ、第三、多民族であること、第四、漢民族中心であること。この四つのアイデアが共通項です。

そして、どの帝国も、決してナショナリズムではないのです。ナショナリズムは、とても新しいものです。古代、中世、近世にあった中国というまとまりは何かと言うと、先ほど中田先生がおっしゃっていた帝国です。文明です。

伝統的な中華帝国は、多民族を巻き込んで共存する、政治〜経済〜文化の統合体のようなもので、外部との境界がはっきりしない。中心は、いわゆる王朝ですが、辺境地帯になるほど、中央政府と関係ない状態になっていく。その先になると、王朝の一部なのか、従属しているのか、独立しているのか、よくわからない場所になる。というようにグラデーションがついて広がっている。それがノーマルな帝国のかたちであり、伝統中国です。以上はまあ、通説です。

さて、ここに西側のいろんな思想が入ってきます。まずキリスト教が入ってくる。鉄砲や武器、弾薬、さらにさまざまな軍事技術や、それ以外の技術、新知識が入ってくる。

これにどう対応するかというと、中国の対応はあまり深刻なものではなかった。なぜかというと、明も清もそうですが、自分に自信を持っていて、彼ら（西欧人）は未開で野蛮で自分たち以下の存在である、という態度だった。これは彼らなりの世界観によるわけで、中国は世界の中心であって、そのほかに優れた場所やもうひとつの中心があるはずがない、という思い込みによるのです。この思い込みを覆してしまえば、自分たちのシステムが解体してしまう。ですから無理にでもそう考えて、西欧には対応しないという態度をとっていたんですね。

しかし、そうした中国中心主義が通用しなくなってきたのが、イギリスの中国進出だと思います。イギリスは小さな島国ですが、貿易によって世界帝国をつくり、繁栄を築き上げてきた。インドは綿織物工業が盛んだったのを、それを解体し、イギリスの綿織物製品を輸出すべく植民地にしてしまう。やりたい放題です。中国にはどうやって進出しよう。中国は物資が豊富で、輸出できる製品が何もない。そこで、インドで栽培したアヘンを中国に輸出するという汚い手を使った。アヘンを大量に輸出されると中国は困ります。そこでイギリスと深刻な対立になる。戦争[*15]になるが、当然負けてしまい、中国が弱いということが世界にばれてしまった。

すると、その弱みに付け込んで、ほかの列強も入ってきて、中国から甘い汁を吸おうとする。中国はずるずる後退戦になっていった。それでも中国は、自分のまずい状態を深刻に受け止められなかった。洋務運動[*16]をはじめ、もっと危機感を持って西欧化をしなければならないという改革派の知識人も政府の中に出てきますが、主導権を握ることができず、政治的に敗北してしまいました。

近代化の蹉跌《さてつ》と中国共産党

橋爪　明治日本はいち早く、ナショナリズムの体裁を整えました。改革派が主導権を握り、新政権を樹立するという迅速な行動ができたのです。中国はそれができなかった。これが中国の近代化の蹉跌の第一です。

共産主義は、そこに登場するわけです。普通の自由主義、資本主義ではうまくいかないので、それを飛び越した共産主義という選択肢が出てきた。もうひとつの選択肢は国民党で、こちらがむしろ本命だったのですが、その話はちょっと置いておきましょう。

共産主義について説明すれば、共産主義は普遍主義です。人類、世界全体に妥当する科学的真理であると主張している。普遍主義は、ヨーロッパで生み出されたものだけれども、ロシアにも中国にも妥当しなければならないんです。中国の人びとも、なるほど、中国は共産主義でなければ解放されない、と考えた。

共産主義から見れば、伝統中国は打倒の対象です。儒学も道教も打倒の対象です。儒学を勉強している伝統的な官僚らや、知識人、読書人、すべて打倒の対象になる。当然、富を独占する商人や地主も打倒の対象になり、さらに古い考えや迷信で凝り固まっている農民たちも打倒されるべき対象となる。つまり、味方なんかゼロです。マルクスの本を読みかじって覚醒した、ひと握りのとんがった知識人が考える共産主義とは、こういうものなんです。こうした純粋共産主義は、今の中国とも共産党ともあまり関係ありません。だから、非常に孤立した知識人の運動だったと思う。こういう主義主張はだいたい失敗します。日本にも、とんがった共産主義者がちょっとはいましたが、案の定、失敗して、大した社会的影響力を持たなかった。中国も

＊15　アヘン戦争　一八四〇年から一八四二年、清国の阿片輸入禁止政策を起因した大英帝国と清国の戦争。敗北した清国は南京条約を結び、大英帝国に香港を割譲し、広州・上海等を開港。

＊16　洋務運動　清朝末期、ヨーロッパの近代技術を取り入れようとした運動。太平天国の乱の鎮圧に貢献した漢人大官僚と「洋務派」と称されるグループが、「自強」「求富」のスローガンのもとに推進したが、清仏戦争、日清戦争の敗戦後、運動は破綻した。

同じ運命になりそうになったのです。

でも中国では、その後、中国共産党が生き延びて成功することになります。中国と日本では、なぜここまで運命が違ったのか。簡単に言えば、日本では、その前にナショナリズムが成功していたからです。このナショナリズムでなんとかなるという国民の理解と支持があった。それをなしにして、共産主義になっても、いいことがあまりないと、みんな思った。だから、普遍主義であるとしても、信用されなかったのですね。

中国の場合、ナショナリズムが未熟だった。清朝が崩れて、軍閥の混乱状態になって、できかけのナショナリズムはずたぼろ状態だった。このままではどうにもならない、代替的なプランはないだろうか。やはり革命が必要だ、というコンセンサスが形成されたわけです。

中国は伝統的に、革命を行なう国なのです。中国的な革命というアイデアと、マルクス主義という普遍的な真理とが融合したところに、中国革命が成功するカギがあった。ここに、共産主義、マルクス主義が中国的に変質していかなければならない必然があったと思うんです。中国共産党の結成は一九二一年。その後、紆余《うよ》曲折しながら、だんだん中国的になっていったと思います。

――共産主義の受容の仕方が非常に中国的に成されたということですね。そのころの中国共産党と今の共産党も、また変わってきているわけですね。これが今のナショナリズムとどういう地続きの関係にあるのかということを、もう少し伺いたいのですが。

橋爪　中国共産党が中国革命に責任を持って、中国で共産主義政権を打ち立てる――こういう課題を自らに課した場合には、モスクワの指示とか、マルクス・レーニン主義の原則なんかにかまっていられません。そんなことは関係なく、革命がうまくいくための現実的なプランに集中しなければならない。

簡単に言えば、革命の主体を農民にして、地主をターゲットにする。これでは、農民反乱です。農民反乱は、マルクス主義の革命ではありません。でも、これがマルクス主義の革命であると言わなきゃいけない。それを押し通すには、マルクス、レーニンを上回る権威がなければ、この革命はできない。

そこで必要とされたのが、毛沢東なのですね。

毛沢東は、ヨーロッパのことなんかわからない人なんです。でも、中国文学には詳しい。文書も書ける。中国語で文書を書いて、これが中国共産党だ、文句あるか、と言う係の人ですね。すると、中国共産党員は、毛沢東に従うのか、マルクス、レーニンに従うのかということになる。結果、毛沢東に従って中国革命をやります、ということになった。

彼らの内心は多分こんな感じです。実はマルクス、レーニンに従いたいのだが、それを「創造的に発展」させたのが毛沢東なのだから、毛沢東に従っていればマルクス、レーニンに従ったことになる。現に中国革命はできている。これでいい、すべて解決だ、と。そう考えるうちに、誰もマルクス、レーニンに関心がなくなって、毛沢東が独り歩きをする。この段階で、中国共産党のでき上がりですね。

中田　その後、今の習近平に至るまで、先ほど橋爪先生がおっしゃった代が替わるたびの宗旨替えの変遷があり、やがてキメラ的なウルトラ・ナショナリズムになっていくということでしょうか。

橋爪　はい。それは当の中国も予想がつかなかったことだと思います。

第四章
専制君主、習近平

2021年7月1日、北京天安門広場で行なわれた中国共産党、創設100周年式典での習近平。人民服は最高指導者のしるし　写真＝新華社/アフロ

膨らむ中華イデオロギー

――ここ数年、習近平政権が非常に覇権的になっていることについて、その背景にどんな考えがあるのか、お話を伺いたいと思います。「一帯一路」とか、習政権が国家目標に掲げる中華的イデオロギーは、劉《りゅう》明福という人民解放軍の人物が提唱している「中国の夢」という考え方が土台になったと言われています。

近年、北京市内を歩いてみると、学校とか病院、空港、ショッピングセンターなどで、二〇〇〇年代には目立たなかった政治的スローガン、社会主義核心価値観を宣伝する看板や掲示板が至るところにあって、変化を実感します。共産主義と言いながら、なぜ、これほどまでに中華的イデオロギーを前面に出すような在り方に傾斜しているのか。その理由から考えてみたいのですが、よろしいでしょうか。

橋爪　はい。

毛沢東思想から出発した中国共産党は、毛沢東→鄧小平→江沢民→胡錦濤→習近平と、党員が読むテキストが次々と変わっていきます。テキストに書かれたあるべき共産主義の原則は、そのときの党中央が決める。それが中国の「普遍主義」なんですね。

共産党は、儒学と違って、「みなで読む本」がしょっちゅう変わるのです。

儒学は、基本、変わっていないでしょう。儒学の正典は五経ですね。易経、書経、詩経、礼《らい》記《き》、春秋。この五冊は、孔子がまとめたことになっているが、実は孔子より、もう少し後の時代にまとまったらしい。いずれにせよ、二〇〇〇年以上の昔にまとまったテキストが、一字一句変更なく、繰り返し読まれているのです。朱子学は、それに対する朱子の注釈で、それに従って古典を読みましょう、という新解釈の学問でした。このように、新しい注釈や論文は出てきますが、古典の位置は揺るがないんです。古典には世界の根本法則が書いてあるから、揺るぎようがない。それが儒学の考え方ですね。

マルクス・レーニン主義も、世界の根本法則が書いてあるわけだから、簡単にテキストが変わるはずがない。『資本論』があり、『共産党宣言』があって、レーニンの『国家と革命』や『帝国主義論』があって、スターリンの著作があって……。付け加わることはあっても、減ることはありません。

でも、中国共産党は、普遍主義のはずなのに、改革開放後は『毛沢東選集』はあんまり読まなくなり、代わりに鄧小平理論を読んだ。その後は江沢民の書物を読み、胡錦濤、習近平、と来た。習近平は習近平思想とか言い始めた。習近平の学習文献が、いろいろあるわけです。

——中国の書店に行くと、たくさん並んでいますね。

橋爪　そうなんです。黄色い表紙に赤い字の派手な本で、学習会があって必ず読まなきゃいけない。党員は必ず買わなきゃいけない。

というように、その都度、読む本が変わっていくのが中国共産党のやり方です。本が変わるなら、どんな政策でもできるじゃないですか。それが、共産主義の原則に合致しているかどうかは検証ができない。少なくとも党員にはできない。共産主義の原則に合致しているかどうかは、党中央が決める。党中央が解釈権を持っているわけですね。

この点は教会とちょっと似ています。キリスト教の教会は、解釈権を教会が持っています。教会の解釈が変わればキリスト教の内容が変わり、十字軍[*1]をやってもいいし、資本主義をやってもいいし、何をやってもいいという点が独特です。

さて、話を戻しましょう。規準になるテキストが随時変更されるという点は、まったく儒教的でない。でも、漢字で書かれたテキストを読んで、秩序を維持する、官僚的な行政組織であるという点は、儒教的だと言えます。

こうした理由によって、中田先生のおっしゃったハイブリッドというか、キメラというか、そういう性質が中国共産党には具現化されている、と観察できると思います。

中田　ありがとうございます。もともと中国はナショナリズムではなく、帝国だったわけで、前にも言ったように異民族の支配も経験している。そこには普遍的な儒教の理念が基本的には貫かれています。儒学が基本であるということは、先生のおっしゃるとおり漢字の書物を読む文人の支配なわけですね。ですから日本とは違って、中国はこれまで一度も、武力を基にして支配すべきだという考えには公式にはなっていません。その意味では、共産党の支配というのは、その伝統を引き継いでいると思います。

儒学の教えに従って、文人が治める。この伝統はまさに王道なのですが、それと同時に、戦国時代に、法家が現れ、法治主義を説き、秦はそれを国家イデオロギーとして採用しました。儒学だけでなく、法律によって治める方法が採用されて、以後、儒家・道家との結合が強まっていく。ですから、文人支配と同じく、法治思想も、中国にはずっとあったものです。

ところが、先生もおっしゃるように、中国共産党のルールブックの中で、この概念が故意にゆがめられてきている。習近平になってからは、まさに覇道というか、武力を基にして、法律

＊1　十字軍　一一世紀末から一三世紀にかけて八回以上にわたり行なわれた、聖地エルサレムをイスラーム教徒から奪い返すための西欧キリスト教徒による軍事遠征の総称。

を執行していこうという、こちらの手法が実際にはリアルポリティクスの中で使われている気がいたします。

そうした流れの中で、民族主義と中国的普遍主義の振り子が大きく振れて、今、大幅にウルトラ・ナショナリズムに向かっているのではないでしょうか。

橋爪　今の中国に不動なものなんてありませんね。都合よく解釈したり、ゆがめたり、あるいはなくしてしまったり、ご指摘のようにリアルポリティクスの中では、やりたい放題です。

習近平の思想の中身とは

――現在、都市の街角に大書されている習近平の「社会主義核心価値観」には、美辞麗句が並んでいますが、今の習思想の概略とはどういうものでしょうか。

橋爪　今、中国がやっているのは、社会主義市場経済ですね。改革開放の路線を続けているのです。

改革開放とは一九七八年ごろから始まった鄧小平の経済政策です。一九九二年には、「社会主義市場経済」のスローガンを掲げた。「市場経済」というのは、資本主義経済のことです。「社会主義」というのは、共産党一党支配のことです。だから、「社会主義市場経済」とは、

「共産党が資本主義をやります」なのです。

マルクスがこれを聞いたら、びっくりして目を廻すに違いない。

共産党でなくたって資本主義はできます。いやむしろ、共産党抜きで資本主義をやるのが普通です。でも、共産党が資本主義をやる。それはなぜか、という問題がある。これをもう一度おさらいしましょう。

まず、中国には共産党がもうあるから。これがいちばん大きい理由です。

でも、すると、いくつも疑問が出てくる。まずそもそも、共産党は資本主義をやるために存在しているのか。共産主義革命をやるために存在していたのではないだろうか。この疑問を解消するためには、少なくとも共産党が資本主義をやって成功しました、という証明が必要になる。

さらに共産党に内在して言うと、共産党が資本主義をやることは正しい、と認めさせることも重要です。資本主義をやると生産力が高まる。生産力が高まると共産主義に一歩近づく、とでも言うのでしょう。よって証明終わり、と党中央が決めてしまえばよい。

この両方にイエスが言えた場合、社会主義市場経済はよいことだということになる。中国共産党の一党支配は私たちのためによいことだと。これが、習近平の言う「中国の特色ある」社会主義ですね。町の至るところで喧伝している「社会主義核心価値観」というわけです。

――「社会主義核心価値観」には一二の標語があって、「富強、民主、文明、和諧、自由、平等、公正、法治、愛国、敬業、誠信、友善」の二四字なのですが、これはあくまで漢民族に向けたものでしょう。これまで見てきたとおり、ウイグル、チベット、内モンゴルなどへの政治弾圧を見ると、とても友善で、民主で、平等な感じはしません。むしろ標語自体が陳腐に見えます。果たして習近平体制は、こういう価値観を前面に出しながら、何をやりたいのでしょうか。

中田　中国秩序の維持が最優先の場合、一〇億人以上の人間をひとつにまとめるということが至上命令です。国家からすると、維持が最優先事項なのだと思います。そこでいちばん大切なのは治安なわけですね。中国は、これまで宗教的な反乱で、多くの犠牲者を出してきました。中国に限りませんが、前近代の戦いでは、宗教が、そのときの旗印になる。

清末には太平天国の乱もあって、支配権力は宗教の動向に注意を向けるということが、現代においても続いています。広い意味では法輪功[*2]なども含めて、キリスト教もイスラームも、敵対視されている部分は強いと思います。だから、ともかく治安がいちばんであって、反乱を悪とみなしている。つまり党の方針に歯向かう勢力には容赦しないということでしょう。

一党支配の本質

橋爪　何度も言いますが、対テロとか治安維持活動一般と、中国共産党の一党専制支配とを、分けて考えたほうがいいと思います。

どこの国だって、治安は大事です。当たり前です。市民の平和と自由を守るために、無法状態は困る。どんな独裁政権だって、無法状態ではないのです。無法状態でないことによって、市民になにがしかの利益を提供してはいる。法律があり、統治機構があり、秩序があり、警察があり、軍隊があり、無法はいけない、反乱はいけない、と説く。それは一般論として、とても正しい。

しかし中国共産党がやっているのは、それと同じことかと言うと、決して同じではない。むしろ本質的には、明らかにまったく別のことをやっている。

何がいけないかと言うと、先ほど挙げた、習近平の社会主義の核心的価値観というところが、

＊2　法輪功　吉林省出身の李洪志《りこうし》が一九九〇年代に広めた気功。一説では信者は七〇〇〇万人を超えると言われ、中国共産党の迫害に遭っている。

いちばんの問題なのです。中国共産党の一党支配はいけませんとか、中国共産党の一党支配より大事なものがありますとか、考えたり、言ったり、行動したりすることがいけない。それが即、治安の問題になり、取り締まりの対象になること自体が異様なのです。

中国共産党の一党支配より大事なものがありますと発言したり考えたりしても、普通の国だったら、治安問題にはならない。思想の自由があり、言論の自由があり、今の政権よりアッラーやイスラームが大事ですと主張しても、信仰の自由があるから大丈夫なわけです。でも、それが治安問題になってしまう。党への中傷発言をしたりすれば、国家安全維持法にいう煽動罪になってしまう。テロと同一視されてしまう。

中国共産党にとって、中国人民と中国共産党とどちらが大事なのか。ここがまさに問題なのです。

私に言わせると、中国共産党は過去、さまざまないいパフォーマンスをして、中国人民に貢献してきた。その功績は十分認めなければならないと思う。しかし、いつまでもそれが続くかどうかはわからない。あるとき歯車が逆に回って、中国共産党が存在することで、中国人民が迷惑し、世界が困るということが起こらないとは言えない。だとしたら、中国共産党より大事なものがあるかもしれないと考えることは、とても自然なことでしょう。それは人類の平和かもしれないし、中国人民の幸せかもしれない。

ここではっきり確認しておけば、中国共産党とは、ただの任意団体に過ぎないということです。それが議論の余地のないものとして、絶対化されているのは、非常に不自然であり、脅威である。これが中国の今の問題だと思います。

わざわざ人権を持ち出すまでもなく、中国共産党の在り方は、伝統中国の論理からして奇妙です。伝統中国なら、政府（官僚の統治機構）が大事なはずです。その政府のもと、人びとはどんな考えを持ってもいい。誰が政府に加わってもいいでしょう。

でも今は、政府のほかに中国共産党がある。政府はひとつだけれど中国共産党もひとつ。そして、中国共産党が政府を指導している。これが習近平の言う社会主義の核心的価値観だとしたら、どこにその根拠があるのか。階級闘争も革命もないのに、なぜ中国共産党が存在するのか。その疑問に答えてほしいものです。少なくとも私は、ちゃんと答えた文書を読んだことがない。

ちゃんと答えられないからこそ、共産党は腕ずくで、文句あるかと脅すしかないのですね。

それが国家安全維持法の正体です。

対抗のための拠点

中田　今のお話を伺っていて、これはキリスト教の在り方に似ているという感じがしました。つまり、国家と教会の関係ですね。橋爪先生も先ほどおっしゃったとおり、今の共産党は教会に近いものであるということ。共産党も教会も任意組織であり、それらは地上の権力を持っていて、人びとを指導すると。共産党は任意団体でありながら二重権力である政府も指導しているわけですね。

しかし、西洋のほうでは政教分離をするという発想が、宗教権力を肥大化させないための解毒装置になっていると思うんですが、共産党は自分たちのイデオロギーが宗教であるとは認めないので、それと逆行していて、どんどん国家と党が一体化している方向に進んでいると思いますし、それが問題になっている。

キリスト教の場合は、先ほどの聖霊の話もありましたが、党や国家といった地上の権力より上の神があって、教会によって、神と個人とがつながるというルートがある程度確保されています。中国は無神論、唯物論なので、共産党にはそういうルートがないわけですね。

共産党は正しいと言っていますが、それは党や習近平が言っているだけで、その根拠が何も示されていない。こういう独裁的な存在と戦うためには、それを超えるものがあるという、宗教的な形態をとらざるをえないと思います。

ウイグルの政治弾圧も香港問題も、中華的なナショナリズムが引き起こしているということは、肌感覚としてはわかります。でも、それに抵抗するためには、宗教的な理念というものが必要なのではないかと思います。そういう宗教理念が中国にはないわけではなかった。儒教のために命を捨てた人もたくさんいるわけですから。

今、中国の人びとの中で、キリスト教も、実は法輪功も非常に伸びていると言われています。中国共産党への不信感が人びとを無意識にそういう世界へと向かわせているのかもしれない。中国の独裁勢力と闘うためには、そういう宗教的なパワーは無視できないものがあると思います。

習政権がいくら社会主義核心価値観を喧伝しても、そこには共産主義の精神性などまったくないわけです。儒教の教えも形骸化しているとなると、中国共産党による共産主義が正しい、絶対的なものであるという根拠はどこにもない。橋爪先生には、この独裁的な存在へのアンチテーゼがどこから出てくるのか、ぜひお伺いしたいと思います。

共産党と人民の矛盾

橋爪　まず、中国共産党は共産主義かどうかといえば、共産主義ではありません。今、中田先生は共産主義の精神性を言われましたが、中国共産党の場合、経済システムそのものからして共産主義ではない。なぜなら、私的所有権を承認しているからです。

共産主義は、私的所有権を認めません。特に生産手段の私的所有を問題視する。労働者を搾取し、人びとの間に不幸せを生む原因であるとして、私的所有を廃絶した。これ以外に人びとを救う道はないのだという主張。それこそが共産党のアイデンティティの根幹で、これを捨て去ったら共産党とは言えないのです。

さて、中国共産党は、とっくにこれを捨て去っているにもかかわらず、それを認めていないわけです。土地と労働力と資本、この所有関係を見ていきましょう。

労働力に関しては、九〇年代まで、政府と党は労働力の配分権を持っていた。人びとは就業の自由がなかった。その後だんだん、人びとは自分の意思で就業できるようになり、労働力の市場が生まれた。今では、西側諸国に近づいています。

では、土地はどうか。日本では土地は基本的に私的所有されています。一部が国有地です。

中国では、原則として、土地は今でも国有です。でもこれだと、資本主義がやりにくい。生産性の高い企業に有効に利用してもらわないと、資源の浪費になる。そこで、改革開放以降、所有権は国有のままにし、その使用権を私的所有することにした。この使用権は、四〇年とか七〇年とか期限がついている。七〇年といえば、ほぼ一生ですから、土地を私的所有しているのとほぼ同じです。譲渡、賃貸、抵当権設定などもできる。

そして、資本。改革開放の初期、国有企業がたくさんあった。農村には郷鎮企業がたくさんできた。村や農民が出資して、中小企業を興したのです。一時はGDPの半分ぐらいを生産していた。その後、資本と技術でまさる国有企業が巻き返した。あと、株式会社も現れた。株券を発行して、深圳《しんせん》とか上海とかの株式市場で上場したりする。株券は、生産手段を分割して所有する、私的所有じゃないですか。つまり、中国企業のかなりの部分は私的所有されているんです。

つまり、どう考えても中国は共産主義じゃありません。共産主義経済じゃないのに共産党がいて政府を指導するって、その「指導」の中身は何なのだと言いたい。

通常の国家なら、議会には、人民の代表が選挙で選ばれて、立法権を行使し、行政府を監督し、国家の意思決定に影響を与えられるじゃないですか。中国にはこのルートが機能していない。その代わりに国家の意思決定をしているのが、共産党です。意思決定とは、政治です。人民や議会の頭越しに政治をしているわけです。

さて、その政治は、党中央が握っています。最高幹部の六、七人ですべてを決められるわけではないので、重工業部とか、交通部とかたくさんの中央政府の機関がある。さらに、たくさんの地方政府があり、軍隊があり、警察があり、そのほかいろいろな政府機関がある。共産党員は九五〇〇万人以上もいて、公務員も一〇〇〇万人近くいる。

党員や公務員の特徴は、権限を独占していることです。権限は裁量権を含みます。裁量される側にとっては、彼らの扱いはやっかいなんですよ。付け届けやキックバックが常態化する。党員や公務員にしてみれば、自分の手にある権限は、公共のものですが、同時に、私的な利益を手に入れる打ち出の小槌《こづち》である。共産党の幹部だと、こうした利権にあずかる特権を手にできるんです。

じゃあ彼らは、資本家なのか。資本家ではない。資本家はいない。でも国中の資本を管理していて、そこから利益を上げている。それをみんなで分配しているのが中国共産党であって、中国共産党はこのために存在しているとさえ言える。

中国共産党は政治をしています。政治は公益のために行なうものです。社会的サービスを提供し、治安を維持し、確かにいろんなことを一生懸命やってはいます。そういう真面目な党員や、真面目な公務員が大勢いる。でも、公益のために頑張るだけなら、公務員だけでよく、共産党は要らないはずでしょう。共産党がひとつしかなく、政府を指導するかたちになっているのは、政府の権限を私物化し、その利益を配分するためではないのか。

そうだとすれば、共産党の個別利害と社会全体の総利害（労働者全体の利害、人民全体の利害）の間に、矛盾が存在しませんか。

矛盾が存在するとすれば、革命が必要になりますね。

共産党とすれば、それは困ります。革命を抑えつけるための抑圧が必要だと考えます。その抑圧を見えなくするためにイデオロギー操作や宣伝が必要だとも考えるでしょう。言論の自由を抑えるために、いろいろなプロパガンダ装置や、秘密警察を動員するでしょう。もちろん、そうした抑圧を正当化するための、治安立法も必要となるはずです。

今の中国の状況はこうなっていませんか。

これは疑い（仮説）です。でも、私が思いつくぐらいの疑いならば、みんながそう疑っているはずです。みんなが疑っていると思えば、言い訳や正当化が必要です。しかし、言い訳や正当化がまったく説得力をもって聞こえてこない。これが習近平思想のうすっぺらな中身だと思います。

国外にも響く声

中田　非常にわかりやすいご説明をありがとうございます。中国がまったく共産主義の構造を持っていないことがよくわかりました。経済もほとんど他の資本主義国と同じように回っているわけですね。

ただし、そこに中国共産党員がいることが大きく違うところです。九五〇〇万人の党員がいて、それが利権の配分の基になっているという構造自体は、中国の伝統に当てはまってはいます。もともと科挙の試験に通る人間はごくわずかです。そうした人間が親族から一人でも出ると、それで親族全体が潤う。その利権を配分するのは当たり前という風潮はずっと前からあったわけですね。それが現在でもあるということですね。

けれども、科挙を通った官僚よりもはるかに多い九五〇〇万人もの党員に、その配分が回っているのだろうかとも思います。言論統制の厳しい中国ですから、基本的には人民の不満の声は聞こえてこない。漢族に関してはある程度は回っているから、不満はとりあえず抑え込まれていたとしても、そうでない別の価値観を持っている人たちの間ではどうでしょうか。習近平思想への不満が顕在化するというか、あえて声を上げるとすれば、先ほどお話ししたような宗教勢力なのではないかと思います。

現在において、イスラームが迫害を受けていても、中国の外に声を響かせるものがないと、中国の中で反乱を起こすのは非常に難しい。ウイグル人の場合、イスラーム+チュルク系の連帯というのがあるので、ある程度は声が聞こえますが、カザフスタンなど、ムスリム諸国で中国に隣接しているところは、もともとソ連の支配下にあったので、全体主義に慣れ切っていて、彼らを助ける力は持っていない。

私がいちばん希望を感じるのは、キリスト教団体ですね。キリスト教団体は、弾圧や虐待を受けている人びとの人権を保護するという使命から、今は宗教を超えて広く、アピールする力を持っていると思います。中国国内のキリスト教の地下教会などを通じて、共産党の弾圧の真相を裏づけられる声が発信されることがあるかもしれません。ウイグルに関しては、イスラーム圏より西欧のほうが人権という点で批判が大きいということも含めて、うまくいっていないことを世界に知らせるチャンネルとして、キリスト教を中心とした宗教の力が働いてほしいと思っております。

党の優位と心の空白

——習体制では、党大会でも中華民族の偉大なる復興ということをしきりに言明して、ナショナリズムを煽《あお》っています。その結果、何が起きているかというと、インド国境、パキスタン国境、朝鮮族、内モンゴル自治区、南沙諸島、尖閣《せんかく》諸島ということでほぼ全域にわたって軋轢《あつれき》が生まれている状況があります。習近平がナショナリズムを煽る理由は何だと思われますか。

橋爪　マルクス・レーニン主義、スターリン主義がどういうものだったかを考えてみると、ナショナリズムなど煽っていない。なぜなら、マルクス、レーニンは真理を体現している偉大な人類の指導者で、その正統な前衛である共産党は人類のために奮闘している。これに指導されて進むのが正しい。指導されて進めばいろいろな犠牲もあるだろうけれども、この犠牲を払うことは正しく、犠牲を上回る大きな利益が将来、人類にもたらされる。そう、確信しているわけです。これが革命でしょう。革命は、国境を越えて人類に広がっていくわけだから（プロレタリア国際主義）、自分の国さえよければいいというナショナリズムになるはずがない。

スターリン主義だって、プロレタリア国際主義なのです。ソ連共産党はトロツキーを追い出して一国社会主義に閉じこもったように見えるけれど、トロツキーの世界同時革命と一国社会主義の違いは、タイミングと情勢判断の問題であって、今は世界革命の時期ではないというのがスターリンの考えだった。革命を諦めているわけではないのです。

毛沢東だって同じです。毛沢東は中華人民共和国をつくりましたが、ナショナリズムとしてつくったのではなく、世界革命への重要なステップのつもりだった。抗日戦争、反帝国主義戦争を戦い、その先に進む一里塚として中華人民共和国をつくったはずなのです。世界人類の将来への理念があった。文化大革命だってそうだった。

改革開放は、文化大革命の失敗を受けて生まれた、普遍主義の理念が独り歩きする革命への疑念です。空虚なスローガンを叫ぶより、目の前の人民の生活を向上させよう。ここでようやく共産党は、普通の国家に舵《かじ》を切った。それはナショナリズムへの舵を切ったことにもなりました。

さて、ナショナリズムでいちばん大事なのは何か。人民の幸せですね。人類すべてではなく、その部分集合であるこの国の人びとに、政府が責任を持つ。ほかの国の人民にはほかの政府が責任を持つ。どの国の政府も、自分の国の人民を大事にします。そのために必要なパフォーマンスをする。どう税金を集め、どう資源を分配し、誰がどんな権限をもって何をすればいいか、知恵を絞って考えて政治を行なう。これがノーマルなナショナリズムです。そこには公共の職務があるだけで、イデオロギーは要らない。党も要りません。

ところが、中国には党があって、その党がナショナリズムをやるという。ここに不整合があるわけです。

党がナショナリズムを行なう場合、人民が大事なのか、それとも党が大事なのかという問題が起こります。普通のナショナリズムなら、人民のほうが明らかに大事で、政府はそのしもべとなるはず。しかし、党が政府を、そして、人民を指導している場合、人民は間違えやすく党は間違えないと言わないといけなくなる。さもないと、党の存在理由はなくなるでしょう。

こうして、人民より党が偉いという関係ができ上がる。党は、人間がつくった組織なのに、人民より偉い。これは、一神教がいけないと禁じている偶像崇拝の、偶像です。

そんな偶像崇拝の結果、党員はどういう考えを持つようになるか。「人民はどうでもいい。党が大事。党が偉く、党員である私は偉い」。こういうふうに思い込むと、自分は何のために、党で活動をしているのか、わからなくなってくる。党が革命をやるのならまだ考えようがあったのですよ。革命のために生きていると思えるから。でも党は革命をやらないのです。革命を諦めた党のために党員は何をするかって、することなんかないのです。すると、党員としての権限からいろいろな役得が得られて、自分の個人的幸せのために生きているという現実、それだけになるわけです。伝統中国の官僚に比べても、さらにモラルが保たれない、モラルハザードが起こる。こういう「心の空白」が中国全土に蔓延《まんえん》していると思います。

中田先生がおっしゃったように、こうした空白を埋めるのが法輪功であり、キリスト教なのです。でも、共産党より大事なものがあると大きな声で言った途端に、打倒される。漢民族の主流派の人びとの間にも、大きな心の空白があると私は思っています。だから中田先生のご指摘のようにキリスト教や法輪功に入信する人びとがどんどん増えている。そういう人びとを党はまた弾圧するわけです。

漢民族の人びとは、ウイグルの人びとを見て、潜在意識の中では彼らを羨ましいと思っていたのではないかな。共産党より大事な自分たちの信仰と人民の幸せと、理想的な未来があると考えているように思えるから。もし、ウイグルの人びとが正しく生きていけるのならば、習近平思想のもと自分のことだけを考え、心の空白のままに生きている自分らは惨めで、負けていることになる。中国の人びとには、このままではやっていけないという、秘《ひそ》かな心の危機感があるんじゃないのかなと思います。

宗教としてのナショナリズム

中田　漢族の人が、ウイグルの人びとを見て、その信仰ある生活を羨ましく思っているのではないかというご指摘、私もそのように感じます。心の中のことは非常にセンシティブな問題なので、本音は語れないとも思いますが。

私は中国に入ったことはありませんが、張承志《ちょうしょうし》（一九四八年生）という中国人が書いた『回教から見た中国―民族・宗教・国家』（中公新書、一九九三年）に、そうした感覚がわずかに垣間《かいま》見られます。この本は、中国に古くから定住する中国回族のジャフリーヤといわれる中国人イスラーム教徒の迫害と弾圧の歴史を、世界に初めて紹介した重い内容なのですが、これを書いた張承志氏自身も、回族の出身です。

現在、中国回教徒は一〇〇〇万人くらいいるのですが、唐の時代に、アラブ、ペルシアから中国に渡ってきた人たちが起源とされています。混血化が進んで、外見的には今はもう漢族と変わりがありません。

回族は、元の時代までは軍事や商業に活躍していたのですが、清の時代から政治弾圧が始まり、激しい宗教戦争もしてきています。特に反体制的といわれたジャフリーヤ教派[*3]の人びとは、中国共産党からもひどい迫害を受けてきている。しかし、故郷も失い、母語も失い、中国文化の中で翻弄され続けてきた彼らですが、どんな迫害を受けようと信仰だけは、失っていない。自らのアイデンティティとして守り続けてきたわけですね。

橋爪先生のおっしゃるように、おそらく漢族の間にも精神的な空白がある。歴代の中国共産党の在り方がそうした空白をもたらしたのだと私も思います。無意識のうちにそうした空白を抱える漢族の人びとが、信念を全うする回族の人や、ウイグルの人を見たときに、本来の幸福とは何かということも含めて、ある種の羨望を感じる。それは理解できる気がいたしますね。そしてそれは、漢族としてのアイデンティティの危機ともいえます。その意味では、漢族も決して幸せではありませんね。

おそらく中国共産党は、人民の抱えるそうした潜在的な危機感については、ある程度予測がついているのではないでしょうか。だからこそ、統一中国をやらないといけないというのがあ

＊3　ジャフリーヤ教派　一八世紀中国で誕生したイスラーム神秘主義教団の一派。中央アジア出自のナクシュバンディー教団の一派として馬明心が創設。喜捨は貧しい人のために使われるべきでアホン（宗教指導者）の独占物ではないなどと説き、民衆からの支持を集めたとされる。「蘭州事件」や「石峰堡起義《せきほうほきぎ》」等を通じ何度も清朝に反乱を起こしたため、清朝政府による弾圧を受けた。

る。

逆に言えば、人民の心の空白を埋めるために、ナショナリズムを代替宗教にしようとしているのではないかと思います。それがあって、いま中国は、孔子学院をはじめ、世界中に中国語や中国文化を広めようとしているのですね。特にアフリカでは盛んに中国語教育を推奨している。その意味では、日本は完全に負けています。トルコの今の若い人たちには、まさにサブカルで、アニメを見る人たち以外は、中国語をやったほうが商売になるというムードがどんどん広まりつつある。

こうしたソフトパワーで世界中に中国語を広めていこうとしているのも、心の空白を埋めるナショナリズム的な戦略でしょう。文化というのは中国人の誇りですから。そういう現象も、宗教に対する空白のひとつの表れだと私は思っております。

橋爪 そういう心の空白を持っている大人が、若者をどう教育しようかと考えると、非常に困るわけです。おっしゃるようにひとつの大きな可能性として、宗教がある。潜在的にウイグルや回族の人びとを羨ましいと感じている反面、宗教が広まったらどうしようと中国の人民（漢民族）は本能的に恐れている。もし、大部分の人があるひとつの宗教を信じたら、その宗教的リーダーが政府を上回る権威と影響力を持つことになりますから、こんな政府は倒してしまえと思った途端に、政府は倒れてしまう。これは異民族支配を経験している中国の歴史が教えていることだから、宗教は排除しなければならない。

しかし、排除するだけでは心の空白は埋まらない。若い人びとがプライドを持ち、生きる希望を持って、積極的に犠牲を惜しまず、社会のために活動できる、それを担保できる理由が、ナショナリズムなのだと思います。このナショナリズムの特徴は、人民の間から自然に沸き上がったナショナリズムではなく、中国共産党が設計して、人びとに宣伝しているナショナリズムなのですね。

だから、最大のイデオロギーは「中国」なのです。

中国（あるいは中華、中華民族）という言葉は、歴史が非常に浅い。中国という言葉がこのように中国を指すために使われ始めたのはごく最近であって、そんなものはもともと存在しなかった。けれど、この言葉を使い出すとその途端に、それを過去に投影し、秦や漢の時代から中国が存在したかのように過去を再解釈することができるわけです。そして、西欧人はこの「中国」という言葉のトリックに気がつかない。なぜならば「中国」を英語にすると「チャイナ」になる。「チャイナ」というのは秦の呼び名「チン」がローマに伝わり、それが西欧語に広まって「チーン」、「チーナ」、「シーナ」から「チャイナ」になったわけで、中国は昔からチャイナと呼ばれていたからです。だから、「中国」とは、あのチャイナかということで、数千年の歴史を持つチャイナがあったことになってしまう。西欧語にはひとつしか言葉がないので。

西欧人はこの「中国」という言葉の新しさに気がつかない。でも、日本人は気がつける。日本は歴代王朝を全部、秦、漢、隋、唐、宋、元、明などと呼んでいて、清はシンと呼び、そして、中国のことはシナ（支那）と呼んでいた。シナとはヨーロッパ言語のチャイナを置き直した言葉であって、もともとはニュートラルな言葉だった。秦や漢と区別してシナという言葉があったのは、認識としてはとても正しいと思います。

それを、中華人民共和国ができたときに、「中国」「中華民族」という言葉が歴史的に存在していたかのように喧伝した。そして、中国共産党が共産主義をやめてナショナリズム政党になり、江沢民が反日教育をし、習近平が「中国の特色ある社会主義」を大きく掲げて、ウルトラ・ナショナリズムが完成した。これこそが人民の心の空白を「中国」で埋めようという、習近平のイデオロギーであって、これに邁進しているわけです。

こうした習近平のイデオロギー操作を人民はどう受け止めるでしょうか。漢民族は、わかりやすい、なるほどと思う。しかし、内モンゴルの人びと、チベットの人びと、そして、ウイグルの人びとはどうでしょう。当然、自分らは中華民族だろうかと葛藤し、悩む。

もしも、ウイグルの人びとが中華民族であるということになれば、ウイグル民族の伝統も信仰もかき消えてしまう。さらに中華民族としての共通語である中国語（漢語）を強要されて、学校ではウイグル語が二の次にされたり、封印されてしまったりする。次の世代になると、ウイグルもチベットも消えてなくなり、すべて中華民族になってしまうかもしれない。

習近平としてはそんな少数民族の葛藤など知ったことじゃない。彼らの伝統を破壊し、母語を奪って再教育し、中華民族一色に染め上げようとしている。そして数千年の歴史を持つ中華民族を実在させようという運動を今、一生懸命展開しているわけです。

こうして人民の心の空白を埋めてしまえば、昔あった帝国が、ネーションとして再生してくるということが起こります。そして、再生した中国は、世界最大のネーションとしてのリスペクトとインフルエンスを勝ち得たいと思っている。これが一帯一路であり、中国の夢なのだと私は思います。

中田　私も橋爪先生のお考えに賛同しますし、そのとおりだと思うのです。今おっしゃったように、中華民族に対する解釈については、日本には特殊性があると思います。我々日本人は、古代からの中華民族なんてないという認識を持っている。シナという言葉を「支那」という漢字に置き換えて認識できることも、ヨーロッパ人とは感覚的にずいぶん違うことです。

今の中国の現状を見ると、ナショナリズムを前面に押し出しているとはいえ、とりあえず政府があって、無政府状態よりはいい状態を保っている。そこは認めてもいいことだと思っております。

問題なのはナショナリズムが至上価値になることで、それより上のものはない、国家より上のものがないという思想は、非常に危険だと思います。それは前にも申し上げましたが、本来の多民族、多信仰を内包する帝国の在り方とはまったく異質なものであるし、ナショナリズムを悪用した単なる独裁国家でしかありえません。

第五章
中国とどう向き合うか

新疆ウイグル自治区、カシュガルのモスクの入り口に貼られた中国共産党のスローガン

写真=AP/アフロ

アメリカの対中戦略

中田　今までお話ししてきたように、中国共産党に問題があることは明らかです。このまま突っ走れば、橋爪先生のおっしゃるように、ウイグルやチベットなどの少数民族だけでなく漢民族にも多大な犠牲が出るかもしれません。大躍進、文化大革命のときには、明らかに今よりもひどい失敗をして何千万人もの命が失われています。けれどそれも結局は尊い犠牲であったと論旨をすり替えており、中国共産党はその責任を認めていません。今回のことも同じで彼らが反省することはないでしょう。

それに対してどういうかたちで我々は対応していくのか。特に、西側の自由な言論が保障されている国々の対応が気になります。その点、先生はどうお考えでしょうか。

橋爪　大変重要な問題ですね。中国が小さな国で、例えば北朝鮮ぐらいのサイズであれば、その国がどんな方針でどんな行動をとろうと、国際安全保障の問題にならない限り、あんまり気にしなくてもいい。

でも、中国はサイズが大き過ぎる。いかんせん、今、一四億人もいて、地球上の人類の五人か六人に一人は中国人という状態です。そしてＧＤＰは日本を軽く追い越し、アメリカを実質的に追い越していて、軍事費や科学技術開発費でも、世界の先端を走ろうとしている。これは中国の問題ではなく、中国の影響を受ける国々や人びとは人類の全体だと考えてもよいのです。

こういう国のことをよく理解し、その問題点を認めて、どういうふうに対処したらいいかを考える。どの国にとっても大事な課題です。でもみな、その準備がなかった。今まで中国は小さくて弱かったから油断をしていた。二一世紀の中国は、新しく登場したが、中国文明の本来の姿とも言える。歴史の大部分の時期、中国文明はとても存在感がありましたから。それを今、取り戻しつつある。

中国の人びとにしてみれば、これは当然のプロセスで、過去一〇〇年間植民地状態だったとか、そういうあまりハッピーでなかった時期のほうが間違いなのであって、今は正しい状態に復帰しつつある。やっぱり中国はちゃんとしている、という自信にあふれている。こういう時期だと思います。

しかし、ウイグルでの人権問題もそうですが、世界のルールを無視した強権的なふるまいなど、中国の常識は世界の常識と大きくずれているわけですから、これをなんとかしなければならない。これは、とても大きな問題です。

中田　確かに、今の中国は巨大になり過ぎていて、どう対処していいのかわからないというのが、ほとんどの国の本音でしょうね。
橋爪　さて、その中でもアメリカの役割が大きい。

そこでアメリカの外交的スタンスをふり返ってみたいと思います。これまでアメリカは世界とどう関係してきたか。

アメリカはヨーロッパの移民で、イギリスから独立した植民地です。ヨーロッパの影響を受けない。――これがアメリカの基本的な出発点です。イギリス、フランス、ドイツ……からのさまざまな移民がいますから、ヨーロッパの紛争が持ち込まれては困る。そこで、ヨーロッパの紛争について等距離を保つ。そうやってバランスをとってきました。

例えばヨーロッパの国々がドイツと戦争をしても、ドイツ系移民をいじめたり、強制収容所に入れたりということはなかったし、考えられもしなかった。だから、日系移民がアメリカ市民権を持っていたのに、強制収容所[*1]に入れられたのは非常に例外的で、アメリカ的原則からしてもおかしかった。

さて、アメリカ経済がどんどん大きくなってくると、ヨーロッパとアメリカの力関係が変わります。モンロー主義[*2]といって、長い間、孤立政策がアメリカの基本的な政策だったのです。けれども、ヨーロッパに介入しなければならないという局面が現れた。それが第一次世界大戦です。このときにはしぶしぶ介入をした。第二次世界大戦では、ヒトラーがヨーロッパを呑《の》み込んで、イギリスを侵略しそうになっても、参戦を躊躇《ちゅうちょ》していた。パールハーバーがあって、やっと対独宣戦布告をしたのです。という過去を見ても、第二次世界大戦のときでさえ及び腰だった。

ここでアメリカが得た教訓は、旧大陸と距離をとるのはいいが、旧大陸で見逃せない力関係の変化があった場合、アメリカ本土の安全が脅かされることになる。そうなる前に躊躇なく、旧大陸に干渉しなければならない。これが第二次世界大戦以降の基本政策です。

ふり返ってみれば、日本が朝鮮半島を併合し、満洲国をつくり、中国を呑み込もうという大

＊1　日系人の強制収容　一九四二年二月、ルーズベルト大統領は大統領令9066号に署名。その結果、日系人約一二万人が「敵性外国人」とされ過酷な収容所生活を強いられた。二〇二一年二月、バイデン大統領は、「アメリカの歴史のもっとも恥ずべき時代のひとつ」とし、レーガン政権以来のアメリカ政府の謝罪を再確認する声明を発表した。

＊2　モンロー主義　ヨーロッパとアメリカ合衆国の相互不干渉を主張するアメリカの外交政策方針。一八二三年、モンロー米大統領が、ラテン・アメリカ諸国の独立に対する欧州諸国の干渉に反対して、教書の中で行なった宣言に起因する。

東亜共栄圏を画策し、アメリカが手を出せない経済的、軍事的勢力圏をつくろうとしたときに、アメリカは石油禁輸とか、対日制裁の切り札をいくつも切っています。それは日本との戦争を覚悟したということです。つまり、旧大陸の東半分がひとつの経済圏になるならば、行く行くはアメリカの安全が脅かされるという判断をしていたということです。

アメリカがヒトラーを許せなかったのも、ソ連がヨーロッパを呑み込むことを許せないのも、イデオロギーの問題もさることながら、それを放置するとアメリカに匹敵する経済的、軍事的勢力圏が出現するからです。

これを補助線にするならば、中国がもし周辺諸国を従えるなどして、大きな経済的、軍事的勢力圏をつくるならば、アメリカの安全が脅かされるわけです。これは放置できない。今はそういう状態です。

そこでアメリカは、日本を何としてもアメリカの側につなぎとめなければならない。韓国はぎりぎり、中国の側に引き込まれそうである。そして、中国の経済発展をここまで推し進めたのはアメリカ当人なわけですから、やり過ぎたことに関してはストップをかけるしかない。

アメリカはデカップリング（中国経済切り離し）を言っています。それはいいのですが、ちょっと遅かったと私は思う。これはもう一〇年前にやっていなければならなかった。それは中国の本質を研究できていなかったからです。これが今のアメリカの基本政策です。

習近平の提唱する「一帯一路」のポイントは、「アメリカ抜き」ということです。アメリカを抜きにして、ヨーロッパまで海路、陸路を開き、旧大陸全体に中国の勢力圏を広げていきたい。そこでインドが問題になります。ロシアが問題になります。イスラームが問題になります。どれもしっぽを振って中国の言うことを聞きそうにありません。ロシアは非常に狡猾《こうかつ》ですから、中国に協力する振りをして、何かいろいろ企んでいます。イスラームとインドもひと筋縄ではいかない。それ以外の小さな国々は、金や利権や脅しなど、いろいろものを言わせてなんとかなると、中国は思っています。昔の日本みたいな居丈高な姿勢です。

このプロジェクトは、経済援助をしたり、貿易の便宜を図ったりと、一見国際協力に見えますが、中国の覇権主義そのものです。よって、世界の深刻な不安定要因になる。と同時に、アメリカの覇権に対する中国の挑戦ということでもあるでしょう。

人権問題に非難を集中

橋爪　中国が自由主義の国であれば、この挑戦はむしろ歓迎すべきことかもしれません。でも中国は、自由主義ではなく、中国ウルトラ・ナショナリズムなのです。

ここで何が重要かと言うと、アメリカのいう人権問題です。

アメリカや西側諸国が考える人権とは、人類の普遍的価値。中国共産党を上回る価値です。さて、中国人民に人権があるかどうか。名目上、人権はあります。ただし、どういう人権を付与するかは、中国共産党が決める仕組みになっている。党や政府が人権を人民に認めてあげましょう、パターナリズム（温情主義）です。強い立場にある者が、弱い立場にある者のためだとして人権を認める。これは人権ではないのですよ。それはただの法律的権利に過ぎません。人権とは政府以前のものであり、政府を上回るものであり、人間の究極的な価値である。人権のために政府が存在する。これが、西欧的な政治哲学です。アメリカもこういう考え方でできているわけです。

よって、人権を守らない政府が、大きな政治的、軍事的、経済的な権力を持ってアメリカを上回ることは、アメリカにしてみれば、絶対許すことができない。一九世紀はじめのころのように、アメリカがまだ小さな国で、孤立して信仰を守って生きていけばいいという態度であれば、中国とは関係を持たなければいい。ただ、孤立していた時代のアメリカは、人権を守る国だった。

ヒトラーのナチスドイツも、ソ連も人権を守らない国だったけれど、今の中国のように人権を守らない国でアメリカを上回る国は初めてなのですね。そして、人権を守らない中国が旧大陸の大部分を押さえてしまった場合には、アメリカが孤立を守れるかどうかさえ危うくなる。こういう決定的な分岐点だ、とアメリカは認識しているはずです。

じゃあ、アメリカは何をするか。アメリカは仲間を増やし、中国を包囲しようとするはずです。そのためにいろいろなことをしそうですが、ウイグル問題を筆頭に人権問題が中国のアキレス腱だとすれば、必ずちょっかいを出すはずです。チベットであれ、内モンゴルであれ、みんな同じです。そこを中国の弱点として糾弾し、世界の協力を呼びかける。

中国にしてみれば、これは中国がよく言う、外国勢力による陰謀論そのものです。内政干渉して、中国の経済発展を妨げ、デマで名誉を傷つけた。党はそのように人民を煽り続け、中国のウルトラ・ナショナリズムは、さらに燃え盛り、勢いを増していくことになると思います。

米中はどっちもどっちなのか

中田　大きなところで、私も今の見方に賛同するのですが、アメリカが現在の政策を続けていくのは無理があると思っています。アメリカがいちばん強かったのは第二次世界大戦後です。これは私の言い方をすると、ヨーロッパが自滅したからです。今、橋爪先生がおっしゃったとおり、一九世紀のアメリカだったら、列強のひとつではあったけれど、そこまで大きくはなかった。しかし、第二次世界大戦後には、アメリカが世界の半分以上の富や軍事力を持つようになった。そのイメージで中国と対峙《たいじ》するのは明らかに間違いだと思う。

そのイメージを持って中国に対抗すると、失敗するのではないかと思います。今のアメリカにはそれだけの力がない。アメリカは現時点でも世界の超大国ですが、明らかに退潮であって往年の力はない。それを考えると、これからはほかの国々と協調してやっていくしかないわけです。それはどの国にとってもそうです。ロシアにしても、中国にしてもそうです。ひとつの国で世界を傘下に置くような、一時期のアメリカのようなことはどの国にももはやできないわけで、その中でどうやって生きていくのかという話になっていくと私は思っています。

もうひとつ私が懸念を抱いているのは、果たして人権問題で中国を攻撃することが可能なのかという点についてです。確かにアメリカ、ヨーロッパから見ると、中国には人権がない。けしからんという話になるのは、その文脈で見ると正しいわけですが、我々イスラーム学者から見ますと、人権を認めているアメリカや西側諸国もそれほど中国共産党と立ち位置が変わらないのではないかという見方もできるわけです。先ほどおっしゃった話にも出てきましたが、理性を持っており、理性をちゃんと行使できている国だけが人権を認められる文明国として扱う、理ということであるとするなら、それはある意味では自分たちだけが理性を有し真理を独占しているので独裁が許されると考える中国共産党と同じなわけです。

なぜ理性を使っている国と使っていない国があるのか。それを誰が決めるのかという話です。一九世紀には欧米がそれを決めた。それは欧米が圧倒的な軍事力を持っていたから、力が強かったからです。という理屈であれば、今の中国共産党と同じなわけで、それが非常にはっきり出ているのが国境問題だと思います。とりあえず今のシステムでは、自分の国の人民はすべて人間と認めて保護する。それ以外は知らない。それはそれでいいですが、すべての人間に人権があるという理念に共鳴して、あるいはそれを信じて他国からやってくる人間までも入国を拒むのは、どう考えてもおかしいし、人権の理念に反しています。

例えばイスラーム圏にいた人間がフランスにやってくる。そこで、この移住者たちが、フランスの理念に逆らって、フランス国内でイスラームの教えを実践しようとする。「こいつらに来てもらうのは困る」というロジック、これはわかるわけです。しかし、宗教の掟《おきて》に縛られて人権が認められないイスラーム圏で暮らすのは窮屈で嫌だ、自由の国フランスが素晴らしいといってフランスにやってくる難民ですら入国を拒んでいる。そして移住を拒まれた者が居残らざるをえない国ではたくさんの死者が出ている。それが劇的なかたちで顕在化したのが、二〇一五年にシリア難民がヨーロッパに押し寄せた難民危機だったわけです。

アメリカもそうです。アメリカも移民の国と言いながら、基本的にはキリスト教国である隣の国からの移民ですら拒んでいる。国境に壁をつくったトランプ政権は論外ですが、バイデン[*3]政権に代わってからも、一〇〇日が経っても、アメリカの移民受け入れ数は同じ水準にとどまっています。このような状態では、「アメリカが人権の国だ」と言っても通用しません。実際、アメリカもずっと人権に反してきたではないか、との中国からの反論にアメリカは有効に答えることができないでいます。

ですから、アメリカやヨーロッパが自分たちのご都合主義の人権概念を、アジア・アフリカの国々に問答無用で力ずくで押しつけることは、もはや現代のアメリカには無理だと思っています。それがいちばんわかりやすいのが、今言った移民拒否です。中国だけでなく、アメリカやヨーロッパもナショナリズムがどんどん強くなって、自分たちの理念に共鳴する人たちですら入れていない。もちろん程度の差というものはあり、その意味では欧米のほうがはるかにましではありますが、あくまでも程度の違いでしかなく、大上段に正義を振りかざして中国とイデオロギー闘争をする時代ではありません。

私たちに今求められているのは、「我々（欧米＋日本）もいろいろ悪いことはやってきたし今もやっているが、ものには程度と言うものがある、新疆におけるウイグル人に対してあなたが（中国）がやっていることは何が何でもひど過ぎる、とりあえず自分のことは棚に上げてでも止めろと言う」といった言葉遣いです。

「俺たちの人権概念は普遍的だから」という価値観で世界の国々を牽引《けんいん》しようとしても、中国は無論、ロシアも、イスラーム圏も、インドも付いてこないと思います。その中で、日本はかなり特殊な立ち位置にあると私は思っています。

橋爪　なるほど、お考えは理解しました。日本は「かなり特殊な立ち位置」にあるかどうか、じっくり考えてみましょう。

私の考えをのべるなら、「アメリカやヨーロッパ諸国が自分たちの都合で人権概念を、第三世界に問答無用で力ずくで押しつけた」、「移民を制限したり拒否したりしているアメリカやヨーロッパに、人権概念は普遍的だからと、指図されたくない」という議論は、あまりに暴論だ

＊3　ジョー・バイデン　一九四二年生。ペンシルベニア州出身。二〇二一年一月二〇日、第四六代アメリカ合衆国大統領に就任。民主党。ニューキャッスル郡議会議員、デラウェア州選出連邦上院議員、バラク・オバマ政権で副大統領を歴任した。

と思います。

これは、国際社会のルールの問題です。国際社会のルールとして、人権の概念が有効かどうか、の問題です。私は、有効だと思うし、それ以外に、有効な概念は見当たらないと思う。アメリカやヨーロッパ諸国をはじめ、人権の理念に賛同する世界の国々は、共同歩調をとって、中国と対峙すべきです。アメリカにかつての実力がないのは、ご指摘のとおりですが、だからこそ、国際社会の団結と共同歩調が必要なのです。イスラーム諸国も進んでこの列に加わることを、私は願っています。

そしてこのことと、アメリカやヨーロッパ諸国がかつて歴史上、理不尽で不適切な行動をとってきたこととは、別のことです。アメリカやヨーロッパ諸国の理不尽で不適切な行動は、人権の名において、同様に非難しなければなりません。決して、どっちもどっち、だから人権概念は無効、とはならないし、そうしてはいけません。

人権とはどういう概念か確認しておけば、それは自然法に由来します。

自然法はキリスト教神学に独特のもので、文書のかたちで書かれた法とは別に、神が制定した（文章化されない）法（つまり、自然法）があると考える。ここで「自然」とは、神が造ったという意味です。ユダヤ教やイスラーム教は、預言者が伝えた神の律法（文書化されている）を重視するので、自然法を必要としません。それに対してキリスト教は、文書化された神の律法がないので、近世はじめに、自分たちの思想と行動を根拠づけるものとして、自然法を「発見」したのです。トマス・アクィナス[*4]の神学の中に自然法の考えは、もちろんありますが、それを世俗の政治哲学や法学の基礎として再発見した。

この自然法によって、神が人間一人ひとりに与えた権利が、自然権（あるいは、人権）です。自然権は、神が与えたもので、人間がそれを与えることはできない。そして、奪うこともできない。よって、王権の横暴に抵抗する根拠として、人権は大きな効果を持つ。人権をそこなうことは、神に背くことになるからです。

自然法は、理性によって「発見」される、と考えられました。それは、文字で書かれていない自然現象に、科学者の理性が自然法則（神の定めた摂理）を発見するのと、平行するやり方です。理性は、キリスト教にもイスラーム教にも、ある。儒教にもあるかもしれない。イスラーム

＊4　**トマス・アクィナス**　一二二五年生―一二七四年没。イタリアのキリスト教神学者で哲学者。ドミニコ会の修道士であった。キリスト教とアリストテレス哲学を総合し、スコラ学を大成した中世最大の哲学者とされる。著書に『神学大全』や『護教大全』などがある。

教の理性は、クルアーンなどテキストの読解に用います。テキストの読解に用いるのが、通常の理性の用い方です。でもキリスト教には、自然法の考え方がある。イスラーム教には、自然法の考え方がない。儒教にも、自然法の考え方がない。自然法があれば、理性によって人権を見出《みいだ》すことができます。でも、自然法がなければ、理性によって人権を見出すことができない。イスラーム世界や儒教世界で、人権が統治権力を基礎づけるという考え方がないのは、こうした理由によるのです。

話を中国に戻せば、中国の統治権力は、その正しさを、人権によって基礎づけることをしない。統治権力が人権を侵害しても、それで統治権力の正しさが否定されるわけではない。これが、中国の伝統的な統治権力なのですが、中国共産党の支配も、これと同じことをしているわけです。このやり方が、世界最大の覇権国のやり方としては、はなはだ不適当だと、アメリカをはじめ西側世界が考えるのは、近代社会の歴史を踏まえれば、当然のことです。決して「自分勝手な人権思想を力ずくで押しつけようとしている」わけではありません。

また、これを、移民制限の問題と結びつけるのも筋違いです。移民を認めるか制限するかは、その国の政策の問題です。人道に反するなど、非難に値するケースもあるでしょうが、そういう不適切な政策をとる国が、人権について発言権を失うわけではありません。

イスラーム諸国は、キリスト教諸国に比べて、人権問題に関する感度が薄いように思います。自然法の概念が、イスラームにはそぐわないので、仕方ない面もあるのですが、残念なことです。

米バイデン政権は対決を堅持する

――二〇二一年四月、バイデン大統領と日本の菅《すが》首相との初の対面会談があって、対中政策や ウイグルなどの人権問題などを中心に協議がありましたが、アメリカとしては中国に日本との同盟強化を見せつけたいという意図がかなり見て取れました。相変わらず日本の首相の対応は頼りないものでしたが、香港および新疆ウイグル自治区での人権状況への深刻な懸念、台湾海峡の平和と安定の重要性を盛り込んだ日米首脳共同声明は、それなりに中国への牽制になったかと考えます。

強大化する中国に対してアメリカの政権が今後どう対していくのか。また、イスラーム圏も含めて諸外国に、どのような中国対応が可能であろうかというお話に移りたいと思います。

バイデン政権が発足してすぐの時期から、対中的にはトランプの流れを引き継いで、人権問題への懸念を示した声明なども出していますね。しかも、バイデンも、かなり強硬な対中政策を進める気配濃厚です。

橋爪　まだ発足してそう時間も経っていないのですが、ここまで見る限り、アメリカ政府は、急にトランプ政権と打って変わって中国に融和的な態度を見せると思われないように注意している。これは確かだと思います。

中国政府は、バイデン政権への切り替わりが政策変更のチャンスだと考えるはずなので、何か変化を引き出そうとサインをいろいろ送っている。例えばトランプが政権を退くときに、トランプ政権の関係者、政府中枢部にいた人びとにペナルティーを科して、入国を禁止するなどの発表をしました。それは、トランプが憎いのであって、バイデンは憎くないというサインです。これを潮に政策変更してくれませんか、というアピールなのです。

でも、バイデンのほうは、それに乗っていないと思う。人権問題を追及する民主党的なカードも見せる。でもいちばんの根本は、経済制裁と経済政策ですね。関税を引き上げるとか、制裁措置をたくさん振りかざして、交渉のテーブルに着かせる姿勢はそのまま引き継ぐと思います。つまるところデカップリングなのですが、切り離しとなると、経済的な動機よりも、地政学的、軍事的、戦略的な動機でやるわけです。その大枠の中で経済を考える。そこもトランプのときと変わっていないと思う。

人権問題は、中国に言わせれば、個別イシュー。嫌がらせですね。でもアメリカにとって、人権問題は、正面から政策変更を迫っているつもりなのです。その根底には、民主党と共和党をまたがった、中国への共通理解がある。政界、財界、軍事、あるいは大学などの研究者や知識界の共通理解として、中国はアメリカの国益をそこない、世界の秩序を乱しているという判断があると思う。もっと率直に言えば、アメリカの覇権が脅かされていることに対する本能的な危機感がある。この危機感はバイデン政権とトランプ政権に共通するので、簡単にバイデン政権になったからといって政策変更があるとは思えないですね。

中田　これは私の単純な質問ですけど、中国との融和政策を進めたキッシンジャー[*5]の影響力は現在でもあるのでしょうか。

橋爪　キッシンジャーは、アメリカにとってとても大きな貢献をした国際政治学者で、ニクソン政権に大きな影響力があったし、共和党にも民主党にも影響力がある人物ですが、過去の人です。今の政策の主流は、キッシンジャーの考え方やその世代からずっと下がって、ジョセ

＊5　ヘンリー・キッシンジャー　一九二三年生。アメリカの国際政治学者。ニクソン、フォード政権時の大統領特別補佐官、国務長官。

フ・ナイ[*6]といった人物になり、さらに近年では、中国のリアルポリティクスに非常に詳しい大勢の専門家になっていますね。

キッシンジャーやナイの時代までは個人プレイで、中国系の人がアドバイザーになることはあまりなくて、白人系のアメリカ人が中国語を勉強して専門家になっていたわけです。でも今は、大勢の中国語がネイティブの人びとが大学の若手研究者になっていて、非常に細かくて深くてレベルも高くなっている。上の世代に比べて中国語もよくできるし、中国のこともよくわかっている。そういう人びとが層としては一〇倍、一〇〇倍に増えているんですが、キッシンジャーやジョセフ・ナイみたいな指導的な人物がぽっと出てくるかというと、そういうことでもない。

この間、ナイと同じ世代のリーダーの一人でもあったエズラ・ヴォーゲル先生[*7]も亡くなってしまいました。ヴォーゲル先生は、習政権の一党独裁を非常に危ういと見ていて、このまま突き進めば中国は崩壊する可能性があると言っていました。今アメリカは、世代交代の最中で、単独の誰かが大きな影響力を政府に及ぼしているというわけではないですが、全体の力量は上がっていると思う。

中田　なるほど。それは実はイスラーム地域研究についても言えまして、今、思想、政治、国際関係論も含めて、研究者の半数以上はムスリム移民になっているのですね。でも中国のような巨大な国家があるわけではないので、残念ですが、ほとんど力になっていません。

しかも、中国のように組織的にロビイストとして育てていくということもないので、基本的には本国が嫌で逃げて学者や研究者となる、反自国政権支持という人が多い。

中国の場合は、アメリカの価値観に憧れて、それに同一化する人間もいると思いますが、中国政府から派遣されている研究者や学生も多そうですよね。在米の中国系の研究者の対中国認識はどんな様子なのでしょうか。

*6 ジョセフ・ナイ　一九三七年生。ジョセフ・サミュエル・ナイ・ジュニア。アメリカの国際政治学者。

*7 エズラ・F・ヴォーゲル　一九三〇年生―二〇二〇年没。オハイオ州出身。ハーバード大学ヘンリー・フォードⅡ世社会科学名誉教授。中国と日本を筆頭に東アジア関係の研究に従事した社会学者。『日中関係史―1500年の交流から読むアジアの未来』（益尾知佐子訳、日本経済新聞出版社、二〇一九年）、橋爪大三郎が聞き手を務めた共著『鄧小平』（講談社現代新書、二〇一五年）など著書多数。

在外華人のネットワーク

橋爪　国外で暮らす中国人は大勢います。反政府系の亡命者みたいな人もいます。

ポンペオ（前国務長官）が去年（二〇二〇年）演説したときに、聴衆の中に王丹《ワンタン》も招かれていた。このひとは、天安門事件の学生リーダーの一人です。亡命のようなかたちで海外に移ってからも活発に活動していて、来日した際、私も話を聞いたことがあります。

人数としていちばん多いのは、アメリカやヨーロッパの大学に留学する人びとですね。中国政府から派遣されたり、海外の奨学金を得たり、私費で渡航したりする学生や研究者です。二、三年で帰る人が多いのですが、中には、ずっとアメリカで仕事をする人もいます。中国政府寄りの見解を持っている人びともいるし、政府に反対する人びともいて、思想傾向もまちまちです。でも、この人びとは、アメリカで生まれ育ったわけじゃない。

この人びとの次の世代になると、中国語もある程度でき、アメリカでしっかり教育を受けた、デュアルアイデンティティを持つ人びと。彼らが本格的に研究をすると、いいものが出てくると思う。これからですね。

中田　その新しい世代の人たちが、アメリカの政策にどこまで影響を及ぼしていくのか、見てみたいですね。私は特に台湾系の人たちに興味があります。昔、一緒に台湾に旅行した友人が、中国からアメリカに渡ったムスリムだったのです。彼らの子供たちもみんなアメリカに住んでいまして、アメリカ人と結婚して、子供たちはネイティブのアメリカンとして育っている。そういう中国人というか、華僑《かきょう》のネットワークが世界中に広がっていますよね。それも帝国の特徴だと思いますので、そうした動きも見届けたいですね。

――エズラ・ヴォーゲル先生も亡くなって、今、アメリカのチャイナスクールは、そんなに影響力がないということなのですか。

橋爪　いや、そんなことはないですよ。層は厚くなっているし、分析力も発信力もある。中国に対してどう選択肢を提示するかという提言が難しいのですね。アメリカ的価値観を押しつけるかたちだと、あまりよろしくない。中国にはどうしてもそうなる国内事情があるわけじゃないですか。そうした国内事情や、中国の人びとの苦しい胸の内も含めて、中国の人びとの頭の中がどうなっているか、これをつぶさに理解して説明できる人がいないといけない。だけど、西欧人はこれが苦手ですね。

中田　そうでしょうね（笑）。

橋爪　ヴォーゲル先生は、中国の要人と通訳なしで話せるということを仕事の重要なやり方だと考えて、いつも会話の能力をブラッシュアップしていたのですよ。そして、それは素晴らしいことなのですが、中国人の考え方の中身を彼が体現してしまうわけにもいかないでしょう。中国の本質をアメリカの人びと、西欧の人びとにわかるように取り出すのは、なかなか難しい作業なのです。どっちかの味方をすることになりがちだし。

中田　わかります。

橋爪　どっちつかずになっても、政策決定の役に立たない。
でも、そこまで行っていればまだいい。日本はアメリカのはるかに手前の段階です。

「一帯一路」は何を目指す

橋爪　ここで習近平の「中国夢」の内容を検討してみましょう。
その大きな柱のひとつが「一帯一路」。シルクロードを現代によみがえらせようという野望です。ユーラシア大陸全体に、陸路・海路を通じて中国の影響力が伸びていくという話ですね。
中央アジアを含めてユーラシア大陸の内陸交通を考えると、この一帯が発展するのは、関係国すべてにとっていいことではあります。乾燥地帯は、従来、河川のような移動の手段があまりなくて、ラクダに頼った。一九世紀以降は鉄道もできますが、北のシベリアを通るシベリア鉄道になった。シベリア鉄道を経由すれば、北京も、北朝鮮を通れば韓国の釜山《プサン》も、ヨーロッパとつながっている。五日か一週間で移動できるので、大きなメリットがあります。

さて、中国は、このシベリア鉄道を太くすることに、懸念や危険を感じているのだと思います。同じ内陸交通ならば、元のシルクロード、ロシアと無関係なところに内陸交通のラインを確保したい。それには、トルコ系の国々やイスラーム系の国々などへの影響力を強化して、中国の国際的地位を高めていこうという戦略だと思います。

中田　私もそうだと思います。

橋爪　だとすると、砂漠地帯にどういうインフラを建設するか。道路と鉄道だと思う。もちろん資金は中国が拠出する。道路建設をずっと進めていて、新疆ウイグルまで高速道路が何本も通っていますね。そこから先、中央アジアを通ってトルコまでつながる道路建設をしようとしている。これが一路のほうですね。中国にはそのマスタープランがあると思うけれども、まだすぐ具体化するという話ではない。こんなものができたら、中国の影響力が強くなり過ぎますから、必ず邪魔が入る。特にアメリカは邪魔をするはずです。

中田　キルギスとかカザフスタンとか、中央アジアの国も、中国の拡張主義には抵抗を示していますね。それほど強くではありませんが。

橋爪　ウズベキスタンとかいくつかの国が、首をタテに振らないという動きになっているはずです。中国は、そういう国があれば、迂回《うかい》するかもしれないし、いろいろな手だてを考えると思う。

中田　そうですね。まさにその調整機構として、上海協力機構が機能しはじめた感じです。先にも少し触れましたが上海協力機構とは、軍事分野の強化を目的とした上海ファイブ（一九九六年）がその前身なのですが、中国とロシア、それとカザフスタン、キルギス、タジキスタン、ウズベキスタン、インド、パキスタンといった国々で構築された多国間の協力組織ですね。トルコもオブザーバーとして入っていますが、中国との力関係は非常に微妙な面もあります。

上海協力機構の手の内

――上海協力機構は、数年前から中田先生は注目されていますが、中国とロシア、それと中央アジアの国々がどう絡んでいるのか。そして「一帯一路」で中国ベルトをどんどん広げようとしている中国の拡張主義に対して、ユーラシア大陸ではどんな動きがあるのか。新オスマン主義[*8]を視野に入れたトルコの動きも含めて教えて下さい。

中田　ユーラシアの動きの前に、中国がなぜここまで一帯一路に躍起になっているのか。そのひとつの要因に中ソ対立があったと私は思います。中ソ対立は、ご存知のように一九五〇年代後半から表面化して、一時は同じ共産主義陣営同士で、核戦争が起きるかという非常事態もありました。今の中国が強権主義に走っているのは、前の章でも触れたとおり、そのソ連の崩壊を見たからではないかと私は考えています。

今の若い人にはあまり実感がないと思いますが、我々の世代だとソ連はアメリカと並ぶ超大国だったわけです。それがほぼ一夜にして崩壊した。それは何から始まったかというと、ペレストロイカです。[*9] これがあって、中東の独裁政権はみんなそれをやってはいけないと確信した。少しでも自由化すると我々はソ連と同じように潰れてしまうと。中国が決して自由化をしない

＊8　新オスマン主義　トルコのエルドアン大統領が、かつてのオスマン帝国の支配地域に対する現トルコ共和国の政治的影響力を強めようとするイデオロギー。近年では旧ソ連構成国のアゼルバイジャンとアルメニアの軍事衝突におけるアゼルバイジャン支援や、イスラエルに対するパレスチナ支持、また北アフリカ諸国への災害支援なども含まれる。

＊9　ペレストロイカ　ソ連のゴルバチョフ政権が一九八七年以降推進した改革政策の標語のひとつ。ペレストロイカとは「建て直し」を意味する。一九七〇年代末から一九八〇年代初頭にかけてのソ連経済の不振を認め、ペレストロイカとして、まずは経済発展の加速化を掲げていた。

のは、その悪夢があったからだと思います。

中国からトルコまでの間にある中央アジアは基本的にはチュルク（トルコ）系民族です。タジキスタンだけがイランというかペルシア語圏ですね。イスラーム学者の私には、そういう地政学が見えるのですが、ロシアはそうではなく、ロシアの息のかかったテリトリーと考えている。そこに中国が出てこようとしている。それにどう対抗するのかということで、今、ロシアもユーラシア主義とか、地政学的にイデオロギーの調整をしているところなのです。

だから、その意味では三《み》つ巴《どもえ》です。それに加えて、アメリカ、イギリス、ヨーロッパ諸国が絡んでくるので、非常に重要な地域になっているわけです。

上海協力機構はもともとそんなに大きなものではなく、中国ウイグル問題を中心として治安のためにつくられたものだったのですが、現在は、ユーラシアにおけるグローバル・レベルと地域レベルの諸勢力の共存と利害調整のフォーラムになっています。ここにどんどん小さな国も加盟しようとしていますし、その意味で、上海協力機構は非常に重要なものとして見ていかなくてはいけないと思います。今、中央アジアの中で中国が軍事基地を持っているのはタジキスタンですが、この基地は、流れてくるウイグル人などのイスラーム主義者武装闘争派の中国の流入と流出を止めるためにあるんですね。タジキスタンにおける中国の軍事基地の存在は公然の秘密ですが、国内外の反発を恐れてタジキスタン政府は公にせず、ロープロファイルに徹しています。

といって、上海協力機構の国々が中国の圧力に弱いのかというと、そこは微妙なところで、水面下ではいろいろな綱引きがある。呉越同舟というところで、中国としては中国の意図を持っていますし、ほかの国は経済的に弱いのでいちおう中国を立てつつも、彼ら自身も中国に呑み込まれることに対してはすごく危機感を持っているわけです。

――確かに上海協力機構の中で中国の発言権が非常に強く、圧力もかけているようですが、ウイグル問題に関しては、上海協力機構の国々はかなり批判的だったと思うんですが。それも中国に抑えられてしまうとなると、中国に従属的な国がどんどん増えてしまうという問題もありますね。そこでトルコはどういう態度をとっているのでしょうか。

中田　トルコには、今、五万人から六万人のウイグル人がいます。すでにトルコ国籍をとっている人もたくさんおり、大きなコミュニティをつくっています。ウイグルの人はチュルク系民族でもありますから、トルコも、中国のやり方には最初は批判していました。上海協力機構の国々の中国批判が強まってくると、今度はオブザーバーとして批判を抑えて内部に入って意思決定に関与する戦略に転換しました。駆け引きで、オブザーバーとしての自分の影響力も保ちながら、中国の出方をうかがっているということでしょうね。

――上海協力機構を通じてトルコが世界に向けてウイグル問題を訴えたり、そういうことはしないのでしょうか。

中田　しないですね。そこはまさに駆け引きなわけです。中国と表面的には対立しないことによって、ウイグルの人たちのトルコへのルートを残しているとも言えます。実際、たくさんの人間が密入国をしていますから。中国と対立して上海協力機構との関係を切ってしまうと、そうした今あるルートすらなくなってしまいますので、難しいところです。

トルコの微妙な立ち位置

中田　ここでちょっとトルコと中国の関係についてお話ししますと、もともとトルコと中国との関係は非常に弱かったのです。しかし、冷戦構造が崩れてから、これまで鉄のカーテンで遮られて目に入らなかった中国の新疆ウイグル自治区からカザフスタン、キルギス、ウズベキスタン、トルクメニスタン、アゼルバイジャン、とトルコまでつながるチュルク系民族の展望が開かれ、強大なトルコ帝国の夢想が広がりました。「中央アジアにチュルク系民族がいる」というので、トルコはそうした壮大な夢を持ったわけですが、歴史的には中央アジアのトルコ民族は、オスマン帝国に一度も組み入れられたことがなく、むしろロシアや中国とのつながりのほうが強かったのです。

冷戦後のトルコは、しばらくは経済的にも調子がよく、政治的にも民主的な面を持つ、世俗的なイスラームのモデルとして、西欧とイスラーム世界の架け橋的な存在になっていました。特に9・11の実行犯がアラブ人、ほとんどがサウジアラビア人だということが判明してからは、トルコはアラブの過激派とは違うということで、西欧からの信頼を勝ち取った面もあります。しかし、そのころはよかったのですが、エルドアン政権になってイスラーム化が進んでいく。それで今まで関係がよかった西欧諸国との軋轢が強まり、そのいっぽうで、アラブの春以降、アラブ世界も反トルコの急先鋒になっていく。さらにトルコの場合、歴史的にクルド人共産主義者という敵もいるわけです。そういった敵対する人たちからのロビイ活動や、イスラーム世界内部の反トルコ活動など、完全にメディア戦争で負けて、トルコに対する西欧の姿勢が強まってくるのですね。

ということで、トルコはアメリカやEUとも関係が悪化し、どんどん経済的にも厳しくなって、結局、中国にしか頼れないということなり、中国への依存が強まるわけです。二〇一七年には、エルドアンの意向でトルコ外相が中国に行き、それまでの中国に対する批判的なスタンスを弱めて、経済的な協力関係を結んでいます。背に腹は代えられないということでしょう。

中国との外相会談で、トルコのチャブシオール外相がはっきりと中国の一帯一路構想に協力すると明言しています。

さらに、犯罪者引き渡し協定にサインまでしてしまった。これはあくまでも犯罪者引き渡し協定で、中国側もトルコ側も、これはウイグル問題とは関係はないと、どちらも否定しているのですが、協定の批准さえしてしまえば、中国側は何とでも言えます。実際、国家安全維持法だって、いいように乱用しているわけですから。

今、五、六万人のウイグル人がトルコに入っていて、かなりの人たちはすでにトルコ国籍をとっています。世界でいちばん大きなウイグルコミュニティとも言われている。トルコが中国寄りになって、彼らに危険が及ばないか、私としても今非常に不安なところがあります。

現在（二〇二一年六月現在）、トルコは中国から新型コロナのワクチンを買っているのですが、その引き渡しが遅れているらしく、その裏でワクチンを提供する代わりに、ウイグル人を引き渡せという中国側の圧力があるのではないかと、トルコの国会でもうわさになっているようです。ただし、トルコも中国の言いなりにはならないと私は思います。トルコはいちおうEUに入るために人権協定にサインをしているのです。そういう国内法の問題もあるので、中国のような死刑がある国に、実際に引き渡しすることはないだろうと。そもそも引き渡し協定自体、ウイグルのための特別法ではないのですからね。

アメリカとEUからいじわるされたおかげで、経済的に中国に対して融和的な姿勢を見せざるをえなくなっていると。トルコに関してはそうした複雑な現状です。しかし、現実にはそういう、裏で取引というか、駆け引きというか、綱引きが行なわれているのが現状です。

橋爪　なるほど。イスラーム諸国の弱腰の背景には、やはり中国の強大な経済力があるわけですね。そういう事情が今のお話でよくわかりました。

しかし、新疆ウイグルで人権問題そのほかが大ごとになり、国際的な非難や反感が寄せられるようになると、中国も「一路」とか言っている場合ではなくなるのではないでしょうか。

中田　はい。国際的な非難自体が、一〇年前とはまったく様相が変わってきていると思うのですね。特に今回のアメリカの政権交代のドタバタがいちばん象徴的だったと思うのです。そもそも国際的な非難自体が、フェイクニュースの一言で片づけられてしまうようなことがアメリカでさえ起きている。ですから、もともと言論が統制され、政府が勝手なことを言っているような国では、国民に世界の非難の声も届かなくなっている。それがいちばん怖い。世界全体の独裁化が進んで、国際世論がもう力を持たなくなってくるのではないか。私としては、そんな危惧があります。

一時期はネット化が進むことで、政府の統制ができなくなって、世界の世論が動くのではないかという期待がありましたが、逆に分断化が進んでいるようなので、私は非常に懸念を持っています。そこをどう突破するのか、やはりそこはリーダー格のアメリカの出方が大きなカギを握ると思います。

バイデンの、この指とまれ

橋爪　デカップリングをどう進めるかに関連して、ここで少しサプライチェーンの話をしましょう。

グローバリズムとは、純経済的に考えて、生産基地をどこに置き、どんなふうに物流を構築して消費者の市場まで届けると利潤がいちばん上がるか、という論理で、工場や取引先のネットワークをつくっていくわけですね。そのときに、コストや利潤が最優先される。

地政学的リスクもいちおう勘定には入れます。例えば独裁政権があって、それが失敗したらどうしようとか、自由主義経済だった国が急に社会主義政権になって、こちらの資産が没収されたり、国有化されたりしたらどうしようとか、そういうことまでは普通に考えます。でも、そういうことはないという保証があれば、安全な投資先として、グローバル市場の中に組み込んでいく。中国はこの組み込みの中に入れてもらって、改革開放からあと四〇年ずっとやってきたわけですね。

デカップリングとは、そもそも中国が地政学的にリスクが大きい、あるいは地政学的にカップリングするのに望ましくないと判断して、グローバル分業の中から除いていこうとすることです。今、組み込まれていても、契約が一段落したら、もう延長しないようにする選択のことです。これは合理的な選択なのか。合理的だとして実行可能なのか。そして、中国側の反撃オプションも考慮すると、その結果どうなるか。まだまったくわからない段階ですね。

察するところ、トランプの「アメリカ単独行動主義」ではなく、バイデンの「国際協力路線」のほうが、成功しやすい。協力して、アメリカにつく国々はそれなりにいるだろうと思う。オーストラリアがいて、日本がいて、インドがいて、ＥＵがいる。全部合わせるとアメリカの数倍になります。

逆に中国につく国があるかというと、ロシアは少し脈がありそうですが、ほかは、あんまりいないんですね。そこで、デカップリングの結果、中国が先細りになるというシナリオもありうる。力ずくでなんとかなるかもと中国が思うと、デカップリングが成り立たない。どっちになるかはこれからの問題です。

中田　中国につく国がないということですが、中央アジアとか、あるいは東南アジアとか、アフリカの国々が、中国の経済政策によって、どんどん中国のほうに取り込まれていっているのではないかという気がいたします。

バイデン政権になって、中東を見ると、親イスラエルだったトランプ路線とは方向を変えて、武器の売却や支援というものを見直すのをはっきり出しましたので、アラブ諸国、豊かな産油国などが、中国のほうに傾いていくことはこれからあると思います。

バイデンは老練な政治家ですし、民主党の人なので、言葉の上では国際協力を唱えていくと思います。オバマもそうでしたが、中東に関しては結局何もしませんでしたよね。何もしなかったどころか、シリアの内戦やアラブの春に関しては、民主主義をとるのか、これまでの域内の利権をとるのかという選択で、結局利権をとりました。私は、バイデンもそうなるのではないかと思います。民主主義を口先では応援するけれども、最後は自国の利権を考えて、はしごを外すんじゃないかと、そう思っている国も多いのではないでしょうか。

ミャンマーで政変が起きて、市民たちが犠牲になってひどい状況になっていますが、バイデンは口先では非難しても、アリバイ的に形ばかりの経済制裁を科しただけで何も行動を起こしていません。強いことを言っていても、またなし崩し的に独裁政権が幅を利かせることになるような気がします。ミャンマーの件は、中国も注目していると思いますし、アメリカにとっては、これがかなり試金石になると思います。その辺は橋爪先生どう思われますか。

思惑がばらばらな各国事情

橋爪　ご指摘のようなことは、アメリカの政策ではよくあることですね。既存の利権や利害構造を重視するか、それとも、アメリカ的原則に忠実に行動するか、このふたつの間でふらふらしているのがアメリカの実際でしょう。

としても、中国の問題はそこからずれていると思うのです。従来どおり、アメリカの利害を勘案して、悠長にやっていたら、時間がどんどん経って、中国の実力がアメリカに追いつき追い越して、中国に対してとれるアクションの数も幅も狭まってしまいました。何かするのなら、できるだけ早めのほうがいい。世界戦略を貫くポリシーをアメリカがどこまで本気で考えて、それを実行するかという問題だと思います。

そのポリシーが固まって、それを実行するという覚悟を決めた場合は、これまでの既存の利権構造とか、平和とか人権といった耳触りのいいきれいごとの中身を、見直さなければならない。例えば、対中国戦略を最優先事項にしたとき、その戦略のためにプラスになれば、地域独裁政権であっても文句は言わないで承認する。あるいは、既存の利権構造に合致するのだけれども、この際、この政権とは手を切るなどの、新しい仕切り直しが始まるのだと思う。これをやるのか、やらないのかということですね。

アメリカの国益は、かなり中国によって足元を脅かされているので、今考えないでいつ考えるのかと私は思います。

中田 私も大きなところでは、アメリカに行動してほしいと思っていますが、その場合に、かなりの痛みをともなう決断が必要だと思います。今までの利権を切り捨てることが、そんなに簡単にできるのかというのが、まずひとつ疑問です。

もうひとつは、英語圏との関係です。バイデンになって、ヨーロッパ、EUとは、トランプのときよりはずっと関係がよくなるとは思います。しかし、以前からEUとアメリカの間はかなりぎくしゃくしていて、イギリスがEUから離れた後は、アメリカが頼れるのはイギリスだけなのかなという気がします。EU、アメリカ、イギリスの関係は、これからどうなると橋爪先生はお考えでしょうか。

橋爪 ヨーロッパは国益の対立があって、四〇〇～五〇〇年の間、安全保障の問題をずっと抱えてきたわけです。いがみ合うばかりでは各国の国益に反し、被害もあまりにも大きいということで生まれたのが独仏同盟であり、独仏同盟が中心になってＥＥＣからＥＵになり、そこにイギリスも加わったという流れがある。英仏は、前々からもう戦争はしていませんね。ドイツがチャレンジャーだった。ドイツがフランスと歴史的和解をしてＥＵの核になったというのがＥＵの本質です。イギリスは安全保障上の問題でそこまで追い詰められていなかったから、傍観者だったのですよ。でも、あとから加わった。加わってはみたが、ＥＵ官僚の言うことを聞かなきゃいけないので、国益がざわつくじゃないですか。どこもざわついているのですよ。スペインだって、ギリシャだって、イタリアだって、ＥＵ官僚に言いたい放題を言われて頭にきている。だから、ＥＵに加わるメリットと、ＥＵから離脱するナショナルな強い動機と、その両方があるのですね。

ＥＵの問題点は、もとは独仏同盟に過ぎないわけだから、「ＥＵ国民」としての実体がないのです。コストを負担する覚悟もポリシーもない。

こういう点でイギリスとＥＵはちょっと違う。イギリスはネーションとしての実体を保っていて、単独行動ができる。ただ、ＥＵと事を構える可能性はないので、離脱したといっても、まあＥＵの一員なのです。フランスとドイツは、ＥＵがあることの利益があまりに大きいから、そこから離脱するという動機はほぼない。

その意味でも、EUの仕切り直しも、これから必要ですね。

今のEUは、どこまでも拡大して中途半端だという制約を抱えている。その利点よりもマイナスのほうが大きいと思っている国が増えてきています。アイデアを仕切り直ししたほうがいいと思う。結論としては、今のEU諸国も、イギリスも、国際秩序に組み込まれる動機は十分あって、アンチグローバリストになる理由はほぼないと思う。つまり、アメリカに協力する。

中田　アメリカの国内事情はいかがでしょうか。

橋爪　アメリカの国内事情は、「トランプ主義」が問題を攪乱《かくらん》させた時期もありましたが、予想以上に早くトランプをお払い箱にできた。共和党も、今までは本来の共和党の原理原則で行動してなかったですからね。トランプの票があれば選挙区で当選できると思っていた下院議員も数はだんだん減ると思いますよ。

多様に分断されるアメリカに適応力があるのは、多様性を認めるリベラルな民主党のほうなのです。アメリカ政治の主流、軸足は民主党にある。だけど、そうやって過去のアメリカから決別しようとするゆえの反動形成があって、その反動形成の受皿が共和党になっている。それで二党対立軸になっているわけです。その反動形成が行き過ぎるとトランプ主義になる。それが熱烈なブームになって共和党を乗っ取り、民主党が盛り下がった場合に政権がとれた。でも、トランプ主義で共和党が突っ走ったら、アメリカは壊れてしまう。

中田　そうでしょうね（笑）。

我慢くらべのデカップリング

橋爪　共和党がまず正気に戻り、民主党は左派に突っ走るのをやめ、そして、労働分配率を高めて中産階級を盛り立てていく。こういうやり方をちゃんととって、アメリカらしいアメリカに戻る。それだけの経済的余裕があるかどうかわかりませんが、中国に対しては、やせ我慢をしながらでもデカップリングを進める。

デカップリングすれば、物価は上がる。物価が上がれば、労働者の実質所得は下がる。これはアメリカにとって非常にきついことです。しかし、きつくても、厳しくても、これをやる。そして、アメリカのアメリカらしさと国際的な連携を取り戻す。なかなかの芸当ですが、こうして進まない限り、アメリカは、自動車ならエンストしてしまうと思います。

この行き先を見通した政治家が現れる。その政治家をアメリカ国民がきちんと支持する。そういうアメリカを、私は期待したいのだが、なかなか楽観できません。

中田　バイデンとトランプ、サンダースも含めてですが、彼らの争いを見ていて思ったのは、何でこんな年寄りしかいないのかということです。昔のJ・F・ケネディのような、改革を起こせる新しい理念を持って指導していける、若い指導者が出てこないですね。

橋爪　下院議員には、若手が大勢いるのですよ。だけど、一、二期務めて辞めちゃう人が多い。予備選が厳しくて何かあると落ちてしまうのもその要因です。だから、いわゆる職業政治家となると、お年寄りになってしまうのですね。

中田　その辺が中国と対決するときの不安材料ではあります。おっしゃるように、中国とのデカップリングを進めるためには、外交的にかなりアクロバティックなことをやらないといけない。でも、先ほどのヴォーゲル先生の話にも出てきましたが、アメリカは他文化を理解するのが非常に苦手ですよね。相手に対してすごく楽観的に「自由で開かれた」という言い方をします。特に日本とオーストラリアとインドを組み込んだ会談での「自由で開かれた」という言い方は、独善的でしかない。これは、あくまでもアメリカから見た景色でしかないでしょう。

トランプが国境に壁を造ったのがもっともわかりやすい例ですが、アメリカだって決して開かれているわけでない。現時点では。

そういう状況が二〇二〇年まであったのに、中国とどう交渉するのでしょうか。我々の常識からいって中国が開かれていないという程度のことを、アメリカが上から目線の物言いをすると、反感を買うだけだと思っています。

日本人としての価値観も決してアメリカと同じじゃありませんし、ましてやインドがアメリカと同じ価値観を持っているなんて誰も信じていませんよね。それを勝手に「日米豪印戦略対話」とか言っても、お題目に過ぎないのではないかと。中国との対決のための戦略として、そういうスローガンを掲げるのはいいとしても、違った価値観の人間たちがどうやって共存していくのかを同盟の中で考えていくべきだと私は思っております。

国家レベルで中国をデカップリングして、中国の拡張主義を封じ込め、私としては本来の中国のあるべき姿に戻ってほしい。政治的に中国の今の凶暴なナショナリズムを抑える必要もある。そのために民間の人間としてできることは、リアルポリティクスも軍事も含めて選択肢を考えた上で、それを相対化する視点を持つことが大事かなと思います。

中国の抱える不全感

橋爪　アメリカの多様性は偽物、という指摘は、なるほどという面もある。それでもアメリカはアメリカなのだと思う。
国際社会には、覇権国があって、国際秩序に責任を持っています。それは軍事力の裏づけがあるだけでなく、国際社会の共通ルールを設定してくれている。ビジネスとか人びとの文化や思想や言語、何でもいいのだけれども、共通ルールには従いましょう、と。このことがとても大事なのですね。これはキリスト教の西側世界の伝統でもあるけれども、紛争や矛盾を解決するために共通ルールを明示して、みなでそれに従うと約束するのは、誰が覇権国だろうと、これ以外にないやり方です。

中国も共通ルールを明示して、それに従うと約束してくれていれば、デカップリングなんかする必要は全然ない。対等な仲間としてやっていけるのです。なぜデカップリングをしなければいけないかと言うと、「中国の夢」があるから。中国の夢って、アメリカに取って代わることですね。アメリカに取って代わるのはいいとして、自分のやり方で、世界を仕切る、ということです。覇権国として共通のルールを示し、守り、対等な国際社会のメンバーになりましょうという考え方じゃない。中国の言うことを聞け、という話になっている。国際社会をこういう国に任せていいのですか、という問題だと思う。だから、中国の夢を捨ててもらうしかないのです。

中国の夢――中国が世界のリーダーにならないといけないという考え方――はどこから来るのだろうと考えてみると、中国の人びとが近代化を進めるに当たって思うように進められなかった大きな不全感（心の穴）だと思う。本当は中国がさっさと近代化して、日本なんかは遅れているべきだったのですよ。

中田　そうかもしれないですね（笑）。

橋爪　でも、日本がさっさと近代化して、中国のほうが遅れてしまった、という歴史的事実がある。遅れただけじゃなくて、日本が中国に攻め込んでさんざん悪さをして、しかも反省している様子もあんまりない。これもひとつ、歴史的不全感ですね。けれど、これだけなら、中国の夢をしゃにむに追いかける必要もない。日本より大きな大国になれば、それで終わりです。

それだけではないのです。本来、中国文明が非常に優れていたのに、世界の国々はどこもそう思ってくれていない。アメリカもそう思ってない。イスラーム世界だって思ってない。インドもそう思っていない。ヨーロッパもそう思っていない。つまり、この偉大な国に、それ相応の尊敬が与えられていないと思っている。自己認識と他者認識の大きなずれがあるのですね。そしてその状態を、これは相手が悪いんだ、自分は悪くないんだと思い続けることによって、非常に尊大なプライドが形成されてくるのです。

それを他者に理解させる唯一の方法は、中国が世界でいちばんだということをみんなが認めること。それが「中国の夢」だと思う。この妄想に前のめりになっているのが中国のウルトラ・ナショナリズムであって、その結果、国内の少数民族を腕ずくでいじめて、苛烈な同化政策をやらないといけなくなっている。
　この根底には、中国が近代化に失敗したという大きな不全感があるわけだから、次の世代かその次の世代が、結果的に見ればよかったじゃないか、私たちは正しい道を歩んでいて、世界と仲よくすればいいんだと、コンプレックス抜きに自覚できるようになれば、ナショナリズムが変質してなんとかなるかもしれない。そうなりそうもなければ、デカップリングをして、おとなしくしてもらいつつ、時間を稼ぐしかない、と私は思います。

中田　デカップリングの問題では、ＥＵとイギリス、アメリカは、これはもともとひとつのヨーロッパの文明圏から生まれてきたものですからいいのですが、それ以外の国がその方針に従うかというと、やはり疑問に思います。特に地政学的にもユーラシアでアメリカが覇権を唱えるのはかなり無理があるので、よしんば中国の覇権を止めることはできても、アメリカの覇権を維持することはもうできないと思います。私はやっぱりイスラーム圏を中心に考えているので、その可能性を考えたいわけですね。

橋爪　新オスマン帝国の夢になりますか。

中田　といいますか、イスラーム世界の統一ですね。ウイグル新疆から始まって、トルコから北アフリカ、アフリカと伸びていくわけですが、とにかくこちらがまずまとまることが重要で、それがないと安定しない。世界大戦が起こるとすると、中東からバルカン半島のあたり、あるいは朝鮮半島から始まるかどちらかだと思うのですが、そういう意味でも地政学的に非常に重要な地域だと思っております。

それが長期的に見ると、今その動きをやっているのがトルコであって、今、エルドアンが新しい憲法をつくると言い始めています。これは明らかにイスラーム世界の統一に向けて、新しいフェーズに入ろうとしている動きだと思います。これに対して当然、オスマン帝国以来の宿敵サウジアラビア、エジプト、[*10]シーア派のイランをはじめイスラーム世界内部でもすごく警戒

＊10　当時のエジプトの政情　オスマン帝国からエジプトに派遣され一八〇五年に総督に任命されたムハンマド・アリーは、マッカ、マディーナを制圧しアラビア半島を制圧する勢いであった第一次サウジアラビア王国の討伐を命じた。ムハンマド・アリーは一八一八年、第一次サウジアラビアの首都ディルウィーヤを陥落させ、指導者ムハンマド・ブン・サウードを捕獲しイスタンブールに送り処刑し、第一次サウジアラビア王国を滅亡させた。しかしエジプト総督として力をつけたムハマド・アリーはシリアの併合を目指し二度にわたりオスマン帝国と戦い（一八三一―一八三三年、一八三九―一八四一年）、一八四〇年に世襲のエジプトの総督職を認められ、事実上の独立を果たした。ムハンマド・アリーとその子孫によるエジプト支配を歴史家はムハンマド・アリー朝（一八〇五―一九五三年）と呼ぶ。

感が強まっていますが、これをなんとか軟着陸させることでしか、中国の覇権を止めることはできないのではないかと私は考えています。

つまり、ロシアとイスラーム世界と三すくみの状態をつくることで、中国の覇権を止めるという戦略です。そのために、イスラーム世界の統一は危険だという考え方や先入観をまず外して、考え直してほしいと私は思っているのですね。最初から危険だと考えずに、その可能性も選択肢の中に入れてほしいということです。

もちろん橋爪先生のおっしゃる自由主義の西側諸国の結束で中国に対抗するというのが、国際世論の中枢を占めるとは思いますが、インドも巻き込んで上海協力機構も再編しつつあるので、イスラーム世界の結束も念頭に入れてほしいと思っております。

二〇二一年七月二八日、中国は世界に先駆けてタリバン政治（外務）委員会のバラーダル議長ら幹部を公式に招待し王毅外相自ら会談し、中国の「環球時報」は中露が主導する上海協力機構がアフガニスタンを安定させていくと指摘する記事を載せました（【田中宇プラス：タリバンの訪中】二〇二一年八月四日）。

オブザーバーだったイランも近く正式メンバーになる見込みであり、上海協力機構を通じた中国の中央アジアでの影響力はますます大きくなるでしょう。

第六章
日本に何ができるのか

新疆ウイグル自治区の綿花畑。2021年7月1日にフランス検察当局はウイグル産の新疆綿使用の告発でユニクロほか諸外国の企業を人道犯罪で捜査

写真=ロイター/アフロ

二者択一を迫られる日本

――二〇二一年四月のバイデン大統領との対中政策協議では、中国が軍事的な活動を活発化させている台湾海峡での軍事協力の要請や、サプライチェーンからのデカップリング政策への連携要請など、アメリカからの相当踏み込んだ協力要請があったようです。米中の板挟み状態になっている日本に何ができるのか。台湾海峡での有事の際は、アメリカからの要請で自衛隊出動まで視野に入れなければなりません。日米2プラス2でも日本を激しく批判していた中国が、日米がさらに緊密になって敵対すれば、かなり緊迫したほうへ向かいそうです。

これまで日本は、政治と経済は別だという建前で、ビジネスにはとても熱心でしたが、対中国に、こうした路線を今後も続けることは難しいと思いますが、いかがでしょうか。

橋爪　日本人は、政治と経済は別にできると思っています。江戸時代もそう。武士と町人は別なことを考えていて、政経分離だった。

でも、こんな伝統社会は珍しいのですよ。中国は、商人は社会的地位が低くて、政府が何かというと口を出す社会です。政治が上で経済が下。そして、政経は分離してはならないという考え方ですね。

日本では政治と経済は分離してはいるけれど、大きな国の方針として動くときは、それに従うという伝統もある。まず、鎖国がありました。それまで自由に国際貿易をやっていたのが、政府が口を出して、国際貿易は禁止するという方針を打ち出したら、二五〇年もおとなしくしていたじゃないですか。ですから、経済は経済の論理で動くのですが、本気で政府が文句を言うと、言うことを聞く習慣が日本にはある。

戦後の経済もそうです。戦争中は統制経済で、政治がいろいろ口を出したわけですが、戦後は自由経済になった。けれど米ソ冷戦になってから、アメリカや他の自由経済国とは自由貿易をしても、共産圏とは貿易をしないという政府の方針に、ちゃんと従ってきた。だから、政治的な合意が成立すれば、経済はそのとおりにする、というのも日本の伝統です。

もし中国との戦争が切迫するとか、デカップリングが国際合意だとかいうことになれば、日本としては、それに従うのが当たり前だと思うでしょうね。

中田　そうなるかどうかですね。国際合意というのは何をもって国際同意とするか、それにもよると思います。これは冷戦時代からずっと言われていたことですが、誰の目にも間違いがない、疑いようのない国際合意というものは不可能ではないかと思うのです。今のシステムだと国連の合意しかないわけですが、米中のどちらかが拒否権を使ってしまうと国際合意が成らないので、結局はどう力関係が働くかによると思うのですね。

特に中国とのデカップリングについては、中国が賛成するわけがないので、ほとんどアメリカ単独の制裁になるのではないでしょうか。イランに関してはそうでしたね。あくまで国内法ですが、アメリカが本気でイランとの取引を禁ずるという声明に、どんな国も文句を言いつつも従わざるをえなかったというのは、大国の威信で、まだアメリカの力があるというのを見せつけたわけですから。

しかしそれでも限界があって、アメリカの制裁によって、イランと中国とのつながりを逆に強めてしまった一面もありました。ましては中国は経済的にも政治的にも軍事的にもイランとは比較にならない大国です。トルコとは対立しているアラブ諸国も中国寄りに行ってしまう可能性もあります。そういう中で、日本が素直にアメリカに従うのかというと疑問です。今回のミャンマーの場合でさえも、あれだけ国民が政府軍の犠牲になってひどいことになっていても、軍事行動を視野に入れるほどの本気をアメリカが見せなかったので、日本はアメリカの経済制裁にすらつきあっていませんから。

橋爪　国際合意は国連しかないというお話だったけれど、そんなことはないと思いますよ。

思考実験をしてみましょうか。国連とは、枢軸国と戦った連合国――ユナイテッドネーションズ――がそのまま形を変えたものじゃないですか。日本は「連合国」／「国際連合」と、あえて言葉を使い分けていますが、英語だと区別がないのですよ。

中田 はい、そうですよね。

橋爪 中国語でも両方、「連合国」といいます。

連合国であることが、当然、前提ですから、連合国、特に常任理事国の間で戦争があれば、その瞬間に国連は終わってしまいます。ソ連とアメリカは常任理事国で第二次世界大戦の同盟国だったから、常任理事国五か国の中に収まっていたわけです。冷戦とは、戦争がないことでしょう。戦争がないから国連は存続したのですよ。

さて、もし米中で軍事衝突が起こったら何が起こるでしょうか。まず、国際連合が維持できなくなります。そこで起こることを予想してみると、中国を国連から除名することですね。

中田 うーん、除名ですか……。

橋爪 これはその規定がないから、なかなか難しい。

中田 私も難しいと思います。

橋爪 でも、前例があります。一九七一年に台湾（中華民国政府）が常任理事国を追放されて、中華人民共和国が入れ替わって国連の国際社会に登場したじゃないですか。これと同じことをやればいい。中華人民共和国を中華民国あるいは台湾に入れ替える。こういうことはやってできなくはない、みんなが賛成すれば。さて、こんなことをやろうとすれば、中国は強硬に反対しますね。

中田　そうですね、激怒するでしょうね（笑）。

橋爪　それができないとしたら、国際社会の合意によって新しい国連というのをつくる。古い国連はなくしてしまう。ですから、中国は新しい国連に入れてもらえないことになる。なので、世界の国々は、新しい国連を選ぶか、中国を選ぶかという二者択一になるな。こういうことが起こると覚悟しなきゃいけない。

さて、日本は、日米同盟を基軸にしていて、国連中心主義だと言っていますね。でも、国連が機能不全になるとしたら、どう動くか。アメリカとの関係も大事だし、中国は隣国で日中友好も商売も大事なのでしょうが、どちらも平和的に保つなんて成り立たないのですよ。どれか選択しないといけなくなる。そうならなかったら幸運だと思いますが、その覚悟はどこか心の隅に入れておく。こういうことがこれから求められると思う。

定見がないから選択できない

中田　私は台湾との入れ替えの件はまったく考えていませんでしたが、確かに方法として、やってできないことはないですね。国連がもともと連合国でしかないというのも、まったくそのとおりだと思います。

そこで、中国を排除したときにどうなるか。ひとつ可能性として考えられるのは、先ほどから何度もお話ししている上海協力機構が、ユーラシアレベルで国連に代わるものとして、あるいは国連のオルタナティブのひとつとして役割を果たすのではないか。今、そうなりつつあって、中国もそれを狙っているのではないかという気がしています。

少なくとも国連の中で常任理事国のひとつのロシアとは同盟を組むでしょうね。ロシアが中国側につくのではなく、アメリカのほうに拒否権を使って中国を出さないという戦略で。中国があることによってロシアがアメリカとヨーロッパの戦争の矢面に立たなくて済むという利点がありますので、そうなる気がします。それにユーラシアの国々も乗ってくるかたちになるのではないかと私は思うのですが。

その中で日本がどこにつくのか。そこでアメリカにつくという覚悟はできるのか、私にはわからないのです。日本は中国だけでなくロシアも隣国なわけで、中国とロシアの脅威からアメリカが守ってくれると思ってアメリカ側につけるのか、そこでバランサーとして働こうと考える人間のほうが多いのか、あるいは中国側に、我々はアジアの国だからということで軸足を移すのか、その辺のところ、橋爪先生はいかがお考えでしょうか。

橋爪　その辺の軸足が全然定まらなかったことが、日本の失敗の原因だったのですね。

中田　確かに。

橋爪　日清戦争があって、日露戦争があったじゃないですか。当時の人びとだっていろいろ考えたのですよ。戦争やむなしとなった根本的な動機は、まさに選択ミスです。日本の安全保障と経済的繁栄をどうやって確保するかという戦略で、朝鮮半島が外国の勢力下になってしまうのは大変まずい。手を出すとすれば、清国かロシアであろうと先読みして、後ろ盾として日英同盟をつくろうとか、当時の人びとはいろいろ考えて、安全保障のために必要なアクションをしていたわけです。

そのときには割合、国論の分裂はなかったのですが、日露戦争に勝った後、分裂が起こった。日露戦争に勝った後、覇権国にあいさつなしに、独力で安全保障ができ、自己の利害を国際社会の中で追求していけると思う人びとが出てきたのですね。それは今、中国が中国の夢と言っているのと同じような、「日本の夢」です。だけど、日本の夢を追求すれば、アメリカがそれを黙って見ていない。ロシアも黙って見ていない。中国のナショナリズムだって巻き起こってくる。その辺の先の先を読む代わりに、日本は自分の夢に酔ってしまった。そうなると、当然選択を間違えます。

結局、対米英戦争になった。一九四一年一二月に開戦していますが、一九四〇年に日本は何をしていたか。ソ連と戦争するのか、アメリカと戦争するのか、と激論をしていたのですよ。陸軍と海軍で意見が一致せず、政府首脳も意見が一致しなかった。日本の国策の根幹に当たる、誰と同盟を結び、誰と対抗するかということで最後の最後まで混迷していたのですよ。それって、ふらふらしているということでしょう。

中田　そうですね。

橋爪　だから、エイヤと片っ方に決めたわけですけど、この選択に合理性なんかまったくないのです。しかも、軍事行動を起こして勝つ目算もない。このような無責任な決定をした当時の指導者は非常に困ったものだけれど、さて、現在の指導者がそれよりましかというと、はなはだ疑わしい。中国と結んだほうがいいのか、アメリカにくっついていくべきなのか、ちゃんとした定見があるようには見えません。のんきに構えて、まだ全然考えてないということでしょう。これは当時の指導部と同等かそれ以下だと思う。

まともな中国研究機関がない

中田　橋爪先生にそう伺うと、納得すると同時に、そんなことで日本はこれから大丈夫かなと心配になりますね。今の日本政府を考えると、何の合理性も目算もなく戦争に舵《かじ》を切った政府の首脳陣と大差ないように思えてきます。というのも、大事なときに判断するだけの知識や情報がないというか、先ほども申しましたけど、日本にはまともな中国研究機関がないのですね。さらにいえば、実はアメリカの研究機関すらない……。

橋爪　両方ない。

中田　ないですよね。もちろんアメリカに育てられた研究者や学者はいますが、そうじゃない中立的な研究機関って実はないのですよね。アメリカと中国ですらないのだから、中東の研究機関がないのは当たり前といえば当たり前なのでしょう。

まず日本が早急に始めるべきは、アメリカ研究、中国研究です。その上でイスラーム学者として話をさせていただくと、もともと日本には、アジアの解放という理念があって、第二次世界大戦に至る前には、アジアをはじめ西洋によって植民地化されている世界を解放するためにイスラームと結ぶというような発想がある程度あったわけです。

そうした理念は第二次世界大戦で敗れたことで、GHQによって完全に解体されてしまうわけですが、長い目で見て、もう一度イスラーム世界とのつながりを考えていただきたいなと考えています。

今回のテーマは中国で、特にウイグルというイスラームの少数民族が関わってきています。今のウイグルと昔のチュルク系の民族がどれだけ連続性があるかは別にしても、中国はこうした異民族の遊牧民と漢民族の対立が歴史の織り成すふたつの糸だったわけです。その中でやはりチュルク系の民族の存在が非常に大きく、今も続いているという見方もできる。特に新疆地区は、地政学的に漢民族が人口の多数を占めるようになってきたのは最近の話で、もともとは文化的にも地理的にも違ったチュルク系の人びとの住む地域でした。

この地域から、ハンガリーとかフィンランドあたりまでチュルク系民族のベルトがあって（チュルク系諸語をアルタイ語族に含め、ウラル語族フィン・ウゴル語派のハンガリー語、フィンランド語とを併せてウラル・アルタイ語族の仲間とみなす考え方）、そこがイスラーム世界になっていると。それは、モンゴルの話ですね。モンゴルが覇権を求めて西のほうへ伸びていったとき、その防波堤になったのがイスラーム世界です。当時のマムルーク朝です。イスラーム世界はそういう地政学的な位置に常にありました。歴史的に地政学的にも、イスラーム世界というのはそういう地域であり続けています。

トルコは、地中海の南半分は一時期オスマン帝国でしたので、ヨーロッパの一部として一時期共存もしていたわけです。イスラーム世界がそういう地域であることを、もう一度思い出してもらいたいと。中国との共存を考えるのに、ロシアとイスラーム世界、ヨーロッパ、アメリカも含めて、その間の防波堤になるようなことを考えていく必要があるのではないかと私は考えています。

アメリカが単独覇権を維持するのはもう無理になってきました。そこで同盟を組んでいくとしても、米に追従するのではなく、先ほども橋爪先生がおっしゃったとおり、共通のルールをつくって、それを守っていくというやり方が賢明かと思います。共通のルールをつくるという発想は、基本的には文化的なものは捨象していいわけです。文化的なものによって妨げられないというか、そういうものと関係ないところで守ろうというのが共通のルールですからね。

ところが、アメリカはなかなかそれができない。人権外交のいろんなところで反発を買うのは、アメリカ的な人権というものが普遍的なものであるとして、それを押しつけようとするからです。私のようにイスラーム学をやっていると、そこに大変な違和を感じます。イスラーム世界はそういうことはしないというか、まったく考えない人たちなのです。自分たちの世界は自分たちの世界、その外にある世界はその外にある世界だと考える。そこは条約によってお互いの共存をするわけですが、それはあくまでも外面的な行動を律するルールであって、自分たちの内面の価値観を他者に押しつけない、他者の価値観を自分に押しつけられることも拒絶するというスタンスです。

しかも、和平の概念は、恒久和平ではないのですね。とりあえず状況が変わるまでそれでやっていく。それを常に更新していくという考え方なので、その意味で、地位を固定化しようという発想もない。そのあたりがアメリカ的なものとはまったく違いますね。ロシアと中国が今、帝国化しようとしている、大国化しようとしている時期に関しては、この在り方を学ぶべきじゃないかと私は考えているのですね。

トルコが重要になるという話をしましたが、おそらくトルコは、改正じゃなくて、新しい憲法をつくります。新しい憲法をつくるときには、多民族多文化の国というものの実現のために、まず国民国家という概念、それに追随する世俗主義条項も削除してしまうかもしれません。

それに対して、それはどう考えてもエルドアンをカリフに見立てイスラーム世界を統一しようという話だということで、当然アラブ圏から反発が来る。こういう展開になると、どちらの味方に付くのかということが非常に複雑になってきます。

そこがすごく難しいところで、西欧の人権外交は、イスラーム主義は敵だと考えているので、敵の敵は味方だということで今までやってきました。サウジアラビアなどは、どう考えてもアメリカの理念と合うわけがないでしょう。ミャンマーの軍事制圧に関してもクーデターという言葉を使うか使わないかでだいたいその国の立場がわかるわけです。ですから、エジプトのように明らかにクーデターが起きても、それがイスラーム政権だと言われているものに対するものであればオーケーするという二重基準になってしまっている。

結局、アラブの非民主的、非西欧的なものを人権外交という名前の下に支持して、エルドアン的な政策を潰してしまうことになると、一時的に安定や既存の秩序が保たれても、今の混乱が続くだけだと思います。私としては、そうじゃない研究を進めていきたい。日本には、アメリカと中国の地域研究ですらまだないわけですから、中東に関してレベルの高いものを求めるのは難しいかもしれませんが、そういう地域研究の重要性をアメリカと中国から始めて世界全体に広げていってほしいとは思います。

西側自由主義陣営につくべき

橋爪　イスラームは大人ですね。アメリカは子供ですね（笑）。でも、子供が力を持っているので、世界はこんなことになってしまったのですね。

中田　まったく、そのとおりなのですけど（笑）。

橋爪　日本に大局を見ることのできる専門家がいないというのはそのとおりです。地域研究の専門家は多くいたほうがもちろんいいのですが、でも、細分化された専門家は個別の領域ではともかく、時としてかえって邪魔になる面もあります。

中田　確かにそれはそのとおりです。

橋爪　それに、地域研究の専門家は、小さなギョーカイのしがらみがあって、率直にものが言えない傾向があるとも聞きました。もしそうなら、学問のためにも国益のためにも世界のためにも、困ったことです。

こういう大きくて重大な問題は、素人が素直に考えていっても、それなりに結論が出ると思う。まず日本の国益と安全保障について考えてみますね。

日本は地理的輪郭がはっきりしていて、民族的にも同一性が高い人びとが住んでいて、今は工業国です。農業国であれば、境界を閉ざして孤立するという選択肢もありますが、工業国であれば、原材料や資源を輸入しなければならない。製品も販売しなければならない。そのためにも、海上交通が安全であることが重要です。この安全を担保するのが海軍力です。と言っても、世界の果てまで貨物船は運航しているわけですから、それを自国の海軍が全部面倒見るなんて無理です。世界最大の海軍国はアメリカです。海軍力でアメリカに抵抗しようと考えても、どこもろくなことがなかった。そこで重要なのは、海の覇権を握っているアメリカとの良好な関係です。

中国にも海軍はあります。中国の沿海近辺では、アメリカと対等に対抗できる程度の戦力がある。空母二、三隻とか、いろいろなミサイル、潜水艦も十分そなえてはいるけれど、中国は世界の海を守るつもりではない。大陸国ですから、今後もそういう考えにはならないでしょう。

そこで、日本の貿易・産業構造を維持するのに本質的に重要な国はアメリカであるというのは、これから数十年変わらないことなのです。

さて、海の交通の確保のほかに日本にとって大事なものは何かといえば、科学技術とか、情報とか、海外との人的な交流とか、資本提携とかいった、特に先進国との良好な関係です。中国も先進国ではあるが、そういう良好な関係は、アメリカ、ヨーロッパ諸国、それから、オーストラリア、インド、そうした国との自然な協調、交流関係ということになるから、これをやっぱり維持したい。これらすべてを中国一国で代替できるはずがない。

よって、二者択一ということになれば、答えは明らかです。

次に、世界の国々と日本のやり方が矛盾するかを考えてみましょう。

アメリカとは矛盾はしない。社会制度はアメリカに合わせて改造済みである。ヨーロッパとも矛盾しない。オーストラリアとも矛盾しない。インドと矛盾するか。インドの社会はインド流で日本と違うけれども、インドはインド、日本は日本でいいのであれば、何の矛盾もない。イスラームと矛盾するか。イスラームと矛盾、対立する理由は全然ない。

中田　そういうことになりますね。

橋爪　先ほどの中田先生のお話のとおり、イスラームはイスラームでやって、日本は日本でやっていいのであれば、イスラームの言っていることはだいたい日本人は納得できることである。つまり、良好な関係を築くのは十分可能です。

ちょっと難しいのはロシアです。北方領土の問題もあって、考え方が日本人にはなかなか理解できない。

それから、中国。中国は、考え方は理解できるとしても、中国の夢という部分が理解できない。もっとおとなしい、日本のようなネーションになってくれて、少数民族をあんなに腕ずくでいじめたりしないで、香港のこともっと尊重し、台湾は台湾でいいじゃないかという、鄧小平がやっていたようなああいう大人の態度であれば、日本人は中国のことをよく理解し、中国のファンになると思う。実際、改革開放の初期には、日本中、中国ファンの人びとが大勢いて、好きな国として七〇パーセントか八〇パーセントの支持があった。だから、中国そのものが嫌いなわけではないのですよ。

中田　私もそう思います。嫌中ムードが高まってきたのは最近のことですから。

橋爪　政治的なやり方が問題なだけで、よく考えてみると、日本が進んでケンカを売らなきゃいけないような相手は、実はほとんど存在しないのですよ。中国との関係が一時的に悪かったとしても、それは中国のほうに原因があると日本人は理解しているわけです。中国がどう考えるかはまた別としてね。

ということで、素人が普通に考えていっても結論は明らかです。万一、中国とアメリカなど自由主義諸国とが厳しい対立関係になったら、日本は、アメリカをはじめとする自由世界の側に立たなければならない。アメリカには文句がいろいろある。アメリカは時々とても変な行動をとるし、実に子供っぽい。言っていることとやっていることが違っていたり、文句は山ほどあるとしても、だから、アメリカの反対につくということには絶対ならないと思います。

中田　私もおそらくそうなると思います。イスラーム世界では、イスラーム国も含めて、アメリカに対して敵対的ではあるのですが、実はアメリカはそんなに悪いことをしないとも思っているのです。
アメリカより、ロシアや中国のほうが何をするかわからないと考えるのは、イスラーム世界でも同じです。アメリカもグアンタナモ（キューバ東南部にあるアメリカ軍のテロ容疑者収容施設）などでイラクなどからの政治犯に対して、かなりひどいことをしましたが、それでもある程度のことしかやらないという安心感がある。だから平気で悪口が言える、ということが実はあるのです。ロシアや中国は、中国のウイグル人迫害だけでなく、自国民を虐殺し続け大量の難民を生み出したシリアのアサド政権をロシアが支持し、軍事的にも支援し続けていることからも明らかなとおり、アメリカよりももっともっとひどいことを平気でやりますからね。
要はアメリカと敵対しても、そこまでひどいことにはならないだろうが、中国と敵対すると何するかわからん、怖いということがあります。

橋爪　中国が日本に敵対して何か悪いことをした、ということはまだないな。むしろ日本が中国に敵対して悪いことはさんざんやったわけです。だから、そんな国が、中国に悪さされたらどうしようと心配するのは、ちょっとおこがましいと思う（笑）。

中田　確かにそのとおりですけどね（笑）。

橋爪　中国の原則からいえば、そんなにむやみにケンカを売ろうとする国じゃないですよ。仲よくしていけるのであれば、友好的にいきましょうというスタンスはある。しかし、自分らにとって何が死活的に重要な利害かということは片時も忘れず、いつも考えている。

そこで、究極の選択になったら、その利害に忠実に行動し、妨害する者ははねのけていく。中国はそういうことをずっとやってきた国です。ですから、いざとなったら、その原則に従うでしょうね。日本から見ると、今まで友達だったのに、何で急に手のひらを返すんだという、受け止め方になりがちですが、そうじゃない。それが中国のやり方なのです。

ウイグル人弾圧は犯罪である

——中国のウイグルの人たちへの強制労働問題、同化政策なども含め、ユニクロや無印良品の新疆綿の扱いをめぐるニュースなどで、ここ数ヵ月、日本でもかなりこの問題は多くの人に周知されるようになったと思います。留学生として来日していたウイグル自治区、カシュガル地区出身のミヒライ・エリキンさんが、父親が行方不明になり、日本の報道を通じて訴えていましたが、心配のあまり危険を顧みず一時帰国した際、当局に逮捕され、二〇二〇年末に死亡したという悲惨な報道もあります。中国当局は、収監されている家族から海外に避難をしたり逃げたりしている親族に連絡させ、中国に戻るように説得させているようです。しかし、戻れば即逮捕、収監、洗脳という現実が待っているはずです。

橋爪先生のおっしゃる「利害に忠実に行動する中国」が、いよいよ表に出てきた感じがしますが、どうも人権問題に関して日本政府は及び腰です。

中田　日本でも在日ウイグル人の方々が、「中国での虐待の実態を知ってほしい」と、声を上げられています。家族が収容施設に入れられたまま連絡がとれない、行方不明だという方々が日本の支援者と一緒に日本政府への協力を訴えています。行方不明者のリストも公開されていますが、今のところ日本政府は具体的な動きは見せていないようです。

ウイグルだけでなく、チベットもモンゴルも同化政策は進んでいて、漢人以外の人たちを漢化していくという文化的なジェノサイドが進んでいます。ウイグル問題は二〇二一年四月の日米会談でも中心テーマになったはずですが、中国を怒らせるような選択も含めて日本がどうすべきか、その辺はどういうふうにお考えでしょうか。

橋爪　日本政府が中国に面と向かって口に出して言うかどうかは別にして、そうあってはならないし、とんでもない犯罪なのだ、という認識はみんな持っているべきだと思う。自由主義諸国のコンセンサスとして、中国の犯罪に対してはっきりとNOを突き付ける。この態度は必要です。ヒトラーのホロコーストに対して、世界が持っている認識と同じことです。ウイグル問題について超党派での勉強会や、人権外交団体なども動いているようですが、マスコミも含めて、どんどん中国への非難の声を上げていくことは大事です。自分らの国について、他国がどう報道しているのか、中国はしっかりとその動向を見ているはずですから。

しかし、それはそれとして、これは中国の国内問題だという現実がある。だから、実効的な制裁を、ウイグル問題について行なうのはかなり難しい。口を出せば、国内問題だ、内政干渉だ、と中国は反発して、さらに強い態度をとってくるでしょうね。

そこで、外国が言いやすいのは、香港と台湾についてです。

ただ、香港は英国から中国に返還されて、中国が守らなければならない条約が残っているわけではない。中英共同声明では、一国二制度のことが書いてあり、それを法律にしたのが香港基本法なのですが、いまやそれを根拠に、中国の国内法が香港に適用されることになり、一国二制度がただの一国一制度に変質してしまっているわけです。香港の人びとのデモや抗議行動を封じるのに、とても効果のあるやり方でした。

中田　なるほど。中国は有無を言わさず力ずくで実行しますね。

台湾を守ることで解決の糸口を

橋爪　今さら悔やんでも仕方がないけれども、これで対抗手段がなくなった。

残っているのは台湾です。自由主義諸国は、台湾は守ることができると考えています。軍事的にもだし、諸外国が力を合わせれば外交的にもいろいろできることがある。何かやれば、中国は、国内問題だと言う。アメリカは、台湾問題は平和的に話し合いで解決して下さいと注文を出している。これは条約ではないけれど、もしかしたら秘密協定か何かが結ばれていた可能性がある。中国がこれに違反した場合、アメリカは態度を変えるでしょう。

日中平和友好条約（一九七八年締結）もそうですが、いろいろな条約に、台湾を独立国と認めない、という「ひとつの中国」条項が盛り込まれているわけです。中国がそうした条約の前提となった了解事項に違反した場合、その前提が崩されたことになるので、台湾を独立国として認めるという選択肢が生き返ってくる。台湾が独立国であれば、内政干渉ではない。堂々と台湾に加勢し、守ることができる。そういう対抗手段が台湾に関しては考えられると思います。

しかし、残念ながら香港については考えにくい。すでに中国に呑み込まれてしまった。チベット、内モンゴル、新疆ウイグルについても、具体的にとれる行動は限られている。香港は、中英共同声明と基本法がまだかろうじて生きているので、法律的な根拠がある。でも、チベット、内モンゴルについて法律的な根拠があるかというと、曖昧です。残念ながら。

中田　国家レベルで考えたときに、台湾の問題がいちばん選択肢が多いということになるのですね。

橋爪　そうです。台湾で頑張るしかない。台湾で頑張ると、香港やチベットや内モンゴルにより影響があるかもしれない。

中田　なるほど。台湾支援ということでは、民間でできることはたくさんあると思います。私の立場ですと、そもそも国民国家という制度自体がいろいろ問題を抱えているので、そういう事態を引き起こしているという認識があります。「ひとつの中国」とか「一国二制度」とか、そうした枠組みに振り回されて、台湾のように法的な地位がはっきりしない「国」が、世界にこれからかなり増えてくる気がしています。

国民国家という制度自体がヨーロッパで生まれたものであって、中東もアジアも民族と国家の領域が一致することがもともとなかったところですから、その枠組みに入れることにはかなり無理があった。それでも、とりあえずその枠組みの中で押さえていれば、内戦の混沌《こんとん》よりは被害が少ないだろうという解釈で成り立っているわけですが、それを杓子《しゃくし》定規に守ることによってあちこちで問題が起きています。

ロヒンギャ[*1]の問題も今のミャンマーもそうですが、今のシステムが永遠に続く普遍的なものじゃないということは、学問のレベルでは明らかにしていく必要はあるというふうには思っております。

特に中国に関しては、日本はかなり重要な位置にあると思いますので、新しいパラダイムができていくといいなと思っております。橋爪先生の場合、今まで中国との交流もあるわけですので、こうした発言によって、これから中国に入れなくなるとか、そういう心配もある。その辺は研究者としてどういうふうにお考えでしょうか。

橋爪　臆病になって、言うべきことを言えない、言わない、というのがいちばんまずい。相手の思うつぼです。被害を受け苦しんでいる人びとを、見捨てることはできない。

私の想像では、私が出版している中国関係の書籍などは、中国大使館の担当者が入手して分析し、本国に報告しているはずです。運が悪ければ、ブラックリストに載るだろう。

ただ、私の場合は学術的にのべているわけであって、政治運動ではない。このレベルのもの

＊1　ロヒンギャ　ラカイン州のイスラーム教徒の子孫とされる人々。一九八二年軍事政権がロヒンギャを外国人扱いすることで国籍を剝奪し、不法移民として扱ったことをはじめ、二〇一五年以降、国軍、警察の襲撃や劣悪な生活環境から逃れるため、難民として大量出国し、国際問題に。

を引っかけてしまうと、当局にとってかえってマイナスにもなりうると思う。

中田　私の素直な実感で言うと、橋爪先生の場合、奥様も中国人でいらっしゃるし、文化のレベルにおいても親中国だと思うのですね。それでも今言われたような中国の専門機関の調査対象になるのでしょうかね。

橋爪　それはわかりません。親中国かどうかは先方が決めるわけであって、学問にそんな区別はありません。

中田　それはそうですが、どこまで話が通じるのか、その辺がまったくわかりませんね。

橋爪　私もわかりません。中国にもいろんな人びとがいて、話が通じる人と通じない人がいるはずだ。

話を元へ戻すと、「中国の夢」は、中国ナショナリズムの奇形的な部分であって、ガン細胞みたいなものだと思う。そういうものに引きずり回されてしまうと、中国のためにもならないと思うのです。

中国にもいろんな政府が歴代出てきて、その時々の政策に基づいて中国を率いてきたわけだけど、その政策のおかげで中国自身が窮地に陥ったことが、よくあるわけです。今のやり方も、本来の中国のやり方からだいぶ逸脱しているような気がする。

中田　まったくおっしゃるとおりで、そのことを言い続けることが大事ですよね。中国政府の中の一部の人間にでも、理解や共感が及ぶといいなと思うわけですが。

橋爪　そうですね。中国を、嫌中みたいに誹謗《ひぼう》中傷するのではなく、アカデミックに考えて正しいことをきちんと発信し続けることはとても大事だと思う。

歴史の背後をみつめる

橋爪　例えば『ワイルド・スワン』（土屋京子訳、上下巻、講談社＋α文庫、二〇一七年）を書いた中国人女性作家ユン・チアン（イギリス在住）に、『マオ―誰も知らなかった毛沢東』（土屋京子訳、上下巻、講談社、二〇〇五年）という本があります。ジョン・ハリデイとの共著です。これはモスクワから出てきた新しい資料なども踏まえつつ、毛沢東の実像をわかりやすく書いた挑戦的な試みでした。

中国で普通に教えている毛沢東の伝記や中国共産党史と食い違う部分がたくさんある。例えば資料写真。中国共産党に外国から資金が渡っているその書類の写しなどが載っている。こういう書類は門外不出の秘密文書であるはずですね。でも、そうした証拠を事実としてちゃんと重ねていって、毛沢東の姿が理解しやすく、歴史的な人物としていい面と悪い面があると、普通の中国の人びとが考えられるように書かれています。

日本でも、歴史リビジョニズム（歴史修正主義）がいろいろ議論のタネになっています。中国の歴史は、学問としての歴史学よりも古い。自国の歴史について手加減をし、加工し、美化して、あたかも唯一の歴史が存在するかのように見せるのが、中国の歴史だったと思う。

中国の近現代史は、その流れを汲んでいます。都合の悪いところに蓋をし、都合のいいところを誇張してひとつのストーリーにすることが、極端になっている一例だと思う。だから、歴史学的な考え方やエビデンスに基づいて別の歴史を書くことは十分可能だし、意義あることでもある。けれど、中国にいたらこれは書けないし、発表もできない。たとえエビデンスがあったとしても。

中田　そうですね。中国共産党の掲げるストーリーは正しく、絶対ですからね。これに逆らうと国家反逆罪になる。今も香港の活動家がその罪で大量に収監されていますので。

橋爪　だけど、日本人が中国の歴史を書く分には、何の問題もないでしょう。だから、代わってやればいい。こういうことがとても大事ですね。

歴史に関して言うと、一九四五年まで日本には結構問題があったので、弁護に困るような出来事がたくさんあるのですが、一九四五年から後の日本の歴史については、文句の出るようなところはなく、いちおうガラス張りになっていると思う。たたかれても、日本人のアイデンティティや政府の正統性に関して疑念が生じてくるということは特にないでしょう。強いて言うならば、日本国憲法が、日本人がつくったのか、GHQがつくったのかという話があるくらいで、そのほかの問題点はさほどないと思う。

しかし、中国の現在の政権や政策が中国人民の利益になっている正しいものかどうかという点に関しては、さまざまな角度からの議論がありうるわけです。だけど、これは中国で大っぴらに議論できない。でも、日本なら大っぴらに議論できるでしょう。だから、日本ではそういうことをどんどんやればいいわけです。そういう正々堂々とした議論を、たまたま中国の人が見たり、読んだりして、「中国の夢」から覚めてノーマルでまともな国民意識にじわじわと落ち着いていくならば、さまざまな対立や矛盾の種が除かれていって、世界の平和に貢献していくことになると思いますね。

ですから、日本の中国研究って、日本のためでもあるけど、中国の人びと自身のためにいちばんなるような気がしているんです。私は専門でもないし、そんなに時間もないので自分ではできないのですが、若い人びとがぜひそういう研究に参加してほしい。そして、日本のビジネス、政府、いろんな人びとが中国の在り方に興味を持って、新しい本が出たらそれ読み、研究の申請が出たら補助金を出してあげるなど、中国研究を盛り立てていくことが、日本のためにも、中国のためにも、世界のためにもなると思います。

中田　私もまったくそのとおりだと思います。今、私は、トルコのイブン・ハルドゥーン大学の客員教授という立場なのですが、そこで日本研究センターを立ち上げたんですね。このセンターは日本研究センターなのですが、スローガンは「Asian Studies without Borders. Quest for One Asia」（国境なきアジア研究。ひとつのアジアを求めて）です。このセンターでは、中国語や韓国語、東洋のイスラームの歴史なども教えておりますので、本当に微力ですが、日本の戦前の研究も視野に入れた上で、イスラーム世界と日本、中国という東アジア、ヨーロッパまで含めて、今の中国の夢を相対化できるような、新しい研究を発信していくことができればいいと私も思っております。

橋爪　素晴らしいですね。言語系統からいえば、日本人はトルコ人ですよ。

中田　トルコ人、私もそう思っていますので（笑）。

橋爪　はい。日本はその意識が少し飛んでいるけれども、日本語はウラル・アルタイ語族ですから。もちろん人種や文化、遺伝子的にということではなく、言語が同系統ということです。

日本人が知らないだけで、それだけの深い影響を、大陸から受けているわけです。そういうことから大陸をもうちょっと身近に感じて、私たちの遠い遠い昔に分かれた同胞であるという感覚をもって、問題を考えていただければと思います。

中田　そうですね。実は韓国もその連なりの中にあって、韓国、日本、トルコというようにつながっていく。なので、中国との関係においても互いにちょうつがいの役割を果たせれば、新たな展開が期待できそうですね。

「人権」を中国語で理解しにくい

中田　私は、個人的なところで、中国の文化に対する憧れもありますし、日本も中国文明を敬い、漢字など中国の文化を取り入れてきた歴史があります。それを背景にお聞きしたいのですが、日本は中華文明とどういう関係にあるのか。そして、中国からはどう見られているのか。それをお聞きしたいのですが。

橋爪　中国から日本はどう見られているか。

中国でないと思われています。これはとても幸いなことで、もし中国の一部だと思われていれば、新疆ウイグルみたいなことになるわけです。歴史的な経緯で中国でないと、中国が思ってくれていることは、日本にとっては幸運なことです。

中国とは共通点がたくさんあるし、影響も受けています。特に中国で発祥した漢字の伝来は、日本の文化の可能性を大きく広げたと思います。

漢字は文字としてどういう特徴があるかというと、発音ではなく、意味と関連している。概念を表記している。概念を図像（絵）で表記しているわけです。音は任意に変わっていくことがあるし、借用もできるので、文字が思考を縛ることはほぼないのです。だから、文字がどうであれ、思考は時代とともに変化していくことができる。でも、漢字は概念を表記するものなので、この文字で言語を表記すると、言語が固定されるという作用を持つ。漢字って、数千年前からほぼ変化していない。その間、概念が固定されたまま現在に至っているということは、漢字を使う人びとの思考の幅も、大きく制約していると思います。

ヨーロッパでいろいろ新しい概念が出てくる理由のひとつに、文字に思考が制約されていないということがあると思うのです。新しい考え方は言葉を新たにつくればいいわけであって、従来なかった言葉がたくさん生まれています。そういうヨーロッパ由来の新しい思考、例えば人権という観念に接触した場合、何が起こるかということです。

right, natural right, human right といった言葉の概念を考えると、right そのものは古い概念ですが、natural とか human をつけて、新しい概念をあらわす。

さて、日本語にはない、こうした新しい概念をどう日本語に翻訳するか。natural right や human right に対応する翻訳語がない。そこで日本人は、まず、right を「権利」と訳して、natural right は「自然権」、human right は「人権」というように、漢字を二字組み合わせることで、新しい概念に対応する言葉をつくり出したわけです。この漢字二字の組み合わせは過去には、存在しません。「人」や「権」であれば漢字だから、過去に存在する。でも、この漢字の組み合わせ表記によって、非常に柔軟に新しい概念に対応できるようになった。こういうやり方でたくさんの西洋語に対応する二字熟語をつくり出したわけです。「物理」とか「化学」とか、憲法・法律用語、何でもそうです。あたかも古くからある言葉のような顔をしながら、中国語（漢語）の教養があれば、およそ意味を理解できる二字熟語を次々に生産して、大量の翻訳をし、また思考の幅も広げてきたのです。

いっぽう、中国ではこうした翻訳の努力にブレーキがかかっていた。だから、そういう概念を多くは生産できなかった。日本のほうが先に生産をした。それで、日本語の翻訳を逆輸入して、中国で新しい近代漢語ができたのです。「人民」とか「共和」とか、「共産党」とか、そういうのは全部、日本経由の漢語なのです。

中田　その経緯はすごいですね。

橋爪　だから、現代中国語は、かなりの部分は日本語なのです。「人権」というのは言葉であるけど、価値でしょう。human right とは社会契約の根幹に関わっていて、国をつくるときのアイデアです。国をつくるときに、国以上の価値があるものから国をつくるというのが憲法の思想です。

しかし、中国に憲法や人権という言葉はあっても、中国共産党がそういう考え方で国をつくったかどうかといえば、そうではない。ここが問題です。人権という言葉はアメリカにとっても、ヨーロッパ文明にとっても当たり前。守れるかどうかは別にして、人権が国を超えた価値だという当たり前の考え方が、中国では当たり前ではない。これが中国とアメリカの衝突のいちばん根源的な問題になっているのは、見過ごせないことだと思う。日本はそこが曖昧で、憲法では基本的人権と言っていますが、とりあえず西洋に近い価値観で人権というものを認知していると思います。中国では基本的人権という言葉もありません。

結論を言うと、日本語では、西欧語とのインターフェースは比較的整っている。それは蘭学者や明治の知識人の努力のおかげでもあります。中国語はそこが曖昧で、インターフェースがよくできていないので、アメリカや西欧諸国がどれほどウイグルやチベットの弾圧を人権問題だと抗議しても、通じにくい。人権の概念を理解するのが難しいのです。

ちなみに、中国語では、「権利」も「権力」も、quán lì でまったく同じ発音になります。同音異義語なのです。そして、どちらもよくないものだという響きがあるのです。

――その意味でも、今、香港の民主派、人権派の人たちと大陸では、まったく話がかみ合っていないわけですね。

橋爪　そういうことです。

難民政策が外交カードに

――皮肉にも世界中に広がってしまった新型コロナの猛威は、チャイナ・ドリームを加速させる様相を見せています。中国が開発したワクチンが、結果的に中国の周辺諸国を懐柔する外交のカードにもなってしまっています。そういうものにどう対していけばいいのでしょうか。日本が中国製ワクチンを使わなかった場合でも、ミャンマーなどではインド製と中国製のワクチンがそれぞれ供給されていて、両国の覇権のツールとして使われているという実態もあるようです。ですから、日本が中国にくみしないと決めても、上海協力機構内の国々の駆け引きにもあったように、ほかの国々が懐柔されていって、結局、デカップリングがうまく進まないことも考えられます。枝葉な部分かもしれませんが、その辺はどう考えればいいでしょうか。

橋爪　小さい国が中国になびくのは、当たり前です。それを防ぐ方法はない。巨大な中国がたくさんの資源を持っていて、小国を自由に操れる。昔、日本だってやっていたわけです。日本はそんなにお金はなかったが、モンゴルの人びとに鉄砲を渡して、独立運動をやってみようよ、とけしかけた。似たようなことを東南アジアをはじめ、いろんなところでやっていました。

　中国だって、国際秩序を自分に有利なように定義し直していくために、現地の人びとのためを思ってできることはやりましょうという善意な部分もありますよ。それを止める方法も、止める理由もないでしょう。

　だからそれは、やきもきしないで、そういうものだと思っていればいいと思います。大きな問題は、先進主要国と、中国との間で、深い亀裂が入っていることです。その行く末が問題なのであって、小さい国はなんとかうまく生き延びて下さい、ということですね。

――なるほど。もうひとつ、日本政府は積極的ではないのですが、政治難民の受け入れということについてはどうでしょうか。香港が実質的に一国二制度を強制終了させられることになって、黄之鋒《こうしほう》*2、周庭《しゅうてい》*3といった民主化運動家も次々に逮捕され収監されています。そんななか、イギリス政府が香港市民に特別ビザを発給するというニュースが流れていましたが、中国はこれを強引に阻止しました。

香港人は大衆文化を含めて日本の文化が大好きな人たちなのに、彼らが亡命を望んでも、日本はあまり助けてあげられません。当局の監視が厳しく、ウイグルの人びとも香港の人びとも、今は亡命が難しくなっていますが、命を懸けて脱出してくる人もいます。そういう政治難民の受け入れも、日本は今後考えていく必要があると思いますが、最後にお二人の考えを聞かせて下さい。

橋爪　日本は難民を極端に受け入れない国なんです。これからは、そういう制度をつくっておかないとダメだと思う。難民を受け入れないでシャットアウトしていることは、外交カードを二、三枚なくしてしまっているのと同じで、日本の国益にもならないし、もちろん当事者のた

＊2　黄之鋒　一九九六年生まれ。イギリス領香港出身の民主化運動家。民主化学生団体「学民思潮」のリーダーや民主派政党香港衆志秘書等を歴任。二〇二一年二月に香港国家安全法の国家政権転覆罪で起訴され、二〇二一年八月現在収監中である。

＊3　周庭　一九九六年生まれ。イギリス領香港出身の民主化運動家。民主派政党・香港衆志の創始者の一人として常務委員などを務め、民主化学生団体「学民思潮」のスポークスパーソンとして二〇一四年の香港反政府デモ（「雨傘運動」）に参加した。二〇二〇年一二月禁錮一〇月の実刑判決を受けたが、二〇二一年六月出所した。

めにならない。

香港であれ、台湾であれ、イスラーム世界の国であれ、何か不当な事情によって亡命せざるをえない人がたくさん出てくるということはありうるわけです。そういう場合には、その法律を発動して、政府がきちんと方針を出す。そして、必要なだけの人数をじゃんじゃん受け入れて、住居とか就職とかすべての面倒をちゃんと見るというプログラムをつくって引き出しに入れておかないとダメです。いわば、緊急事態宣言みたいな感じでね。

しかもそれは非常に速やかにやらないといけない。タッチの差で入国できなかったりするということがあるからね。そういう緊急事態の政治難民と、平時の移民の受け入れとはまた違う話だと思います。

中田　私は、人間は無制限かつ自由な移動はもっとも基本的な「人権」であり、移民と難民の区別すら無用ですべて受け入れるべきという立場ですので、当然日本の受け入れを望んでいます。難民受け入れに関しては、法律的に難しいのかもしれませんが、とりあえず法律を柔軟に運用して入れてあげることは、当然やるべきことだと思います。

橋爪　そう。運用というと、行政官が出てきて行政的に運用してしまうのですが、行政を超えた政治的運用というのがあって、それは党派を超えて日本のポリシーとしてやらなければならないと私は思います。ですから、緊急時では、秘密会でもいいから国会でみっちり議論して、それで与野党合意をつくっておかないといけない。

例えば一例ですが、北朝鮮からの亡命者は無条件で受け入れると宣言するのは、政治的なカードになりうるわけです。北朝鮮の中でもいろんな対立がありますから、亡命しようという場合もある。船が手に入れば、日本にたどり着けるかもしれない。そのときに、受け入れられるかどうかは、亡命者にとって非常に心配じゃないですか。無条件に受け入れると事前にわかっていれば、ある程度の割合で亡命者が出てくるということになって、それは北朝鮮にとって大変都合が悪いことになる。

日本が無条件で受け入れれば、韓国は何をやっているのだと韓国国内外から声が出てくるから、日本と同じような宣言をするかもしれない。東ドイツが潰れたときは、どんどん亡命者が出たことが最後の一押しになったのです。そういう効果を考えれば、北朝鮮の脅威がそれで取り除かれるなら、数十万人の人びとを受け入れたって、差引き日本のプラスになると私は思います。

中田　そういう意味では日本にもできることはたくさんあると思います。難民、移民を含めて、基本的に人が動けるのはいいことだと思いますので、私もそのとおりだとは思います。日米の共同声明を出すことも大事でしょうけど、そういう日本独自の主張も打ち出してほしいですね。少なくとも、そういう主張は、今、独裁政権に虐げられている人びとにとっては明るい希望になると思います。

おわりに

中田　考

本書の主題は「中国共産党」と「ウイグル」だが、しかし実はもうひとつの隠れた主題がある。それはアメリカである。本書の元になる橋爪大三郎先生との対談が行なわれた時点で、まだアメリカの大統領はトランプだったが、トランプに代わって新大統領に就任したバイデンは二〇二一年四月二八日、施政方針演説で、中国の習近平国家主席を名指しして基本的人権と自由の侵害を許さないとのべ、民主主義が試されている現在、「専制主義が未来を勝ち取ることはない。アメリカが勝つ」と中国との対決姿勢を鮮明にした。

アメリカが本書の隠れた主題であるのは、アメリカが単に覇権国家として政治・軍事・経済的に中国を抑え込もうとしているためではない。アメリカの自己認識は「独裁国家」中国と対決する「自由民主主義」陣営の盟主であり、中国を「独裁国家」と断ずる最大の理由が中国共産党によるウイグルに対する人権侵害と民族浄化である。

橋爪先生とは、『クルアーンを読む―カリフとキリスト』（太田出版、二〇一五年）、『一神教と戦争』（集英社新書、二〇一八年）でも対談させていただいた。しかし本書での橋爪先生からは「中国共産党の人権侵害を何としても阻止しなければならない」との、これまでの対談とは違う強い使命感と覚悟が伝わってきた。

もちろんそれは世にあふれる「反中」、「嫌中」とはまったく違う。橋爪先生は中国の方を配偶者とされ、漢籍を読みこなし現代中国語をマスターし何度も中国を訪れ、現地の知識人と中国語で対話を重ねてこられた日本でも屈指の「知中」知識人であり、その中国文化への深い理解と敬意は本書を読み終えられた読者諸賢には説明を要さないだろう。

内なる中国、内なるアメリカとの葛藤

私たち日本人は中国を客観的に語ることができない。他人事《ひとごと》として、と言い換えてもよい。それは地政学的に日本が東アジアの国である、というだけではなく、文明論的に日本が中華文明圏、漢字文化圏の一部であるからである。漢字、漢語を用いなければ、私たちは自分の考えること、気持ちを伝えることさえもできない。日本で書かれた漢文の膨大な文献は漢字文化圏、中華文明圏の共有財産であり、また現代中国語には、漢字の造語力を利用して日本人が欧米語から翻訳してつくった漢字の熟語が数多く取り込まれている。

それはアメリカについても同じである。日本の近代化、西洋化はアメリカの黒船来航によって力ずくで押しつけられたものであったが、決定的だったのは第二次世界大戦の敗戦によって日本がアメリカ軍によって占領されたことであった。現代日本文化は中華文明圏の漢字文化の上に接ぎ木された西洋文明アメリカ版自由民主主義バージョンの果実である。

問題はさらに複雑である。共産党と国民党の戦いで自由民主主義を選んだ国民党ではなく中央集権制民主主義を選んだ共産党が勝利したことで、中国は自由民主主義バージョンではないが、やはり西洋化、近代化を果たした。現在の中国の行動原理はもはやかつての中華文明の理念ではないが、といって（ドイツに生まれた）西欧起源の共産主義でもない。中国共産党は、中華文明と西洋文明のキメラである。そしてそれは私たちの映し鏡でもある。

中国とアメリカは、私たちの血肉であり、それは私たち個々人の主観的な状況や立場や感情とは無関係にそうなのである。中国にもアメリカにも一度も行ったことがなく、生涯一度も中国人にもアメリカ人にも会ったこともないとしても、私たちは誰もが内なる中国、内なるアメリカを抱えており、誰であれ中国とアメリカの対立について考えるということは、自己の内なる葛藤を明るみにさらすことでもある。そして求められるのは、まず自己が抱える内なる中国とアメリカの矛盾を止揚し、アメリカを覇権国とする近代西洋文明が全地球を覆い尽くした現行の世界秩序に組み込まれた東アジアに生きる一人の人間として、中国とアメリカがしかるべき地位を占める世界と地域の未来像を主体的に考えることである。

イスラームを内在化した視点

橋爪先生は日本屈指の「知中」知識人でもあるが、それよりも前にまず日本とアメリカを生活の場とするキリスト教西洋文明の「自由民主主義」の擁護者である。アメリカ、中国、日本を行き来し、内なる中国とアメリカを剔出《てきしゅつ》し、よりよき世界を求めて中国共産党のウイグルに対する人権侵害を告発する橋爪先生の「なぜイスラーム世界は中国共産党のウイグル弾圧に声を上げないのか」との問いかけに応えることが本書における私の役割である。

私は中国とアメリカを内に抱えていることにおいて専門性を持たない。つまり西洋文明の洗礼を受けた現代人であると同時に、東アジアの「地域大国」日本の一介の市民に過ぎない。しかし一九八二年から学部の専門教育として一年にわたってイスラームを学び、翌一九八三年にイスラームに入信して以来、私は古典イスラーム学者としてウンマ（ムスリム共同体）の一員であることを自覚的に選び取りアイデンティティとしてきた。アメリカと中国を内在化しているのと同じようにイスラームを内在化している日本人はほとんどいない。つまりイスラームに主体的に関わりうる日本人はほとんどない。しかしそれだけではない。私はウンマの一員であることを自らのアイデンティティとするが、古典イスラーム学者である私にとってのそのウンマとは「現実の」自称、他称のムスリムの集団ではなく、規範的イスラームに則る理念的な共同体である。

アフマド・ブン・ハンバル[*1]が伝えるムハンマドの予言に「食事客たちが大盆に互いに呼ばわり群がるように、諸民族が互いに呼ばわりムスリムたちに群がるようになる。そのときにムスリムは多数だが、ムスリムは川面に浮かぶ塵芥《ちりあくた》のようである。そのときにムスリムがこの世の暮らしを愛し死を恐れて軟弱になり、敵たちがムスリムを侮るようにアッラーがなされるからである」とあり、ムスリムが異教徒たちに征服され搾取され辱められることはイスラームの教義に組み込まれている。

現代のムスリムたちはイスラームの教えから逸脱している、いやむしろイスラームに敵対している。それが私が拠《よ》って立つ理論的前提であり、「なぜイスラーム世界は中国共産党のウイグル弾圧に声を上げないのか」との橋爪先生の問いへの答えでもある。

＊1　アフマド・ブン・ハンバル　七八〇年生―八五五年没。イスラームの法学者。

ムスリムは預言者の後継者であるカリフがイスラーム法に則って治める土地、ダール・アル＝イスラーム（イスラーム圏）に住むべきである。イスラームの教えを守って生きることができるなら、このダール・アル＝イスラームの外で異教徒の支配下で暮らすことは許されるが、もしそれができないようならば、ダール・アル＝イスラームに移住することが義務となる。しかし異教徒の支配下で迫害されているならば、カリフは救援軍を派遣しなければならない。

「民族浄化」と呼ぶことが適切かどうかは別としても、中国共産党がイスラームの教義に干渉し教育を禁じ儀礼の実践を妨げており、中国のムスリムがイスラームの教えを守って生活できず、多くの亡命者が苛酷な虐待の体験を告発し、中国に残された家族や友人たちの窮状を訴えていることは確かである。もし「ムスリム」とはイスラームの教えを忠実に実践する者のことであるならば、世界のムスリムたちはカリフの指揮の下にウイグル人の救援要請に応えて中国に派兵しているはずである。もちろん、そのような動きは水面下でも一切存在しない。それ以前に派兵を決定すべきカリフそのものが存在しないのであるから。カリフが不在であるため救援軍が中国に派兵されないとすれば、中国国内でイスラームの教えを実践できないウイグル・ムスリムはダール・アル＝イスラームに移住すべきであるが、そうした動きも存在しない。ムスリム諸国政府から中国のウイグル政策に理解を示す声は聞こえてきても、迫害を被り亡命を希望するウイグルの受け入れを公式に国際外交の場で表明する国は存在しない。中国政府が国内のムスリムの海外渡航を厳しく制限している、という問題を差し置いても、ウイグルが移住すべきダール・アル＝イスラームはどこにも存在しないのである。

トランプ主導のイスラエル・アラブ融和構想の最終的破綻

二〇二〇年一二月九日に行なわれた第一回対談において、ウイグル問題に対するムスリム世界の沈黙に関する橋爪先生の疑問に対して私は、ウイグル問題はムスリム世界ではパレスチナ問題ほどの関心を引かない、と指摘した。

二〇二一年五月二日、イスラエル最高裁が占領下の東エルサレムのアラブ人地区シャイフ・ジャッラーフのパレスチナ人の四世帯にユダヤ人入植者のために立ち退きを命じたのに対し、エルサレムでパレスチナ人による広範な抗議行動が起き、イスラエルがシャイフ・ジャッラーフ地区とアクサー・モスクに治安部隊を突入させた。それに対しガザ地区を実効支配するハマースは五月一〇日までにイスラエル治安部隊の撤退を要求する最後通牒《つうちょう》を突き付けた。イスラエル治安部隊が拒否したため、ハマースがイスラエルにロケット弾を発射し、イスラエルがガザ地区に報復攻撃を行なった。イスラエルの空爆によるガザ地区での民間人の犠牲者が増えるにつれ、国際的に停戦への要求が強まったが、アメリカはイスラエル寄りの姿勢を示し、国連の停戦案にも反対した。

トランプ政権のいわゆる「アブラハム合意」でイスラエルを国家承認したUAE、バーレーン、スーダン、モロッコも含めてアラブ連盟が足並みをそろえて「国際法や人権法規に反する犯罪行為の結果責任はすべてイスラエルにある」とイスラエルを非難したほか、国際的にアメリカのイスラエル擁護に対して批判が高まった。中でも痛烈に批判したのが中国である。パレスチナ問題におけるイスラエル一辺倒の態度はアメリカの反イスラーム外交の象徴であり、世界でもっとも人権が蹂躙されている地域は中東であるが、その状況の多くがアメリカの中東への暴力的介入によって引き起こされたもので、アメリカが責任を負うべきものである。アメリカのウイグル問題における中国の人権侵害批判は二枚舌であり、もはやその欺瞞《ぎまん》は隠しおおせない（「環球時報」五月一六日付）。

バイデンは国際的な批判に対して、方針を転換しイスラエルに圧力をかけ、エジプトに影響力を行使して休戦を仲介した。しかし中東から見た場合のアメリカのイメージは、イスラエルの手先となってイランの核合意から一方的に離脱し経済制裁を科し、大使館をテルアビブからエルサレムに移転し、UAE、バーレーン、モロッコ、スーダンにイスラエルと国交を結ばせたトランプの反パレスチナ政策、反イラン政策を少しだけ元に戻した、ということでしかない。もともとイスラエル・パレスチナ紛争は、四分五裂のムスリム諸国が大同団結する唯一の数少ない主題であり、イスラエルはムスリムの敵の象徴であった。国連安保理での拒否権を行使してパレスチナを不正に占領し入植地を拡大し続けるイスラエルを擁護してきたアメリカに対してムスリム諸国の不信感は深かったが、トランプの極端なイスラエル偏重政策はムスリム世界の反米感情をますます高めることになった。

実はトランプが政権を失い、バイデン政権がイスラエルのナタニエフ政権とサウジアラビアのムハンマド皇太子と距離をとると、イスラエルやサウジアラビアのメディアが、イスラエル、サウジアラビア、UAE、バーレーンがイランの脅威をめぐって会合を行ない、アラブ諸国がイスラエルをイランに対抗する唯一の信頼できる同盟国とみなし、軍事同盟の締結、米国を外した中東版NATO[*2]の創設を検討していると報じた。

しかし結局トランプの後ろ盾を失ったサウジアラビア、UAE、バーレーンはイランに対抗

＊2　中東版NATO　佐々木伸「イスラエル『中東版NATO』に動く、〝反バイデン〟サウジなど秘密協議」WEDGE Infinity、二〇二一年三月三日。

できる力はなく、イランとの融和路線に転換し、中東版NATO構想は立ち消えになり、五月のイスラエルとパレスチナ紛争はトランプ主導のイスラエル・アラブ融和構想の最終的破綻を告げるものとなった。

つまりムスリムの敵のシンボルであるイスラエル偏重によってもともとムスリム世界で嫌われていたアメリカは、トランプのイスラエル偏重によってさらに憎まれるようになり、バイデン政権によるトランプの対中東政策の中途半端な見直しにはアメリカの好感度を上げる効果はなく、かえってトランプ政権に賭けたサウジアラビアやUAEにまでアメリカに対する不信感を与え、アメリカからの離反と中国（そしてロシア）への接近を促しただけに終わった。

アメリカのダブルスタンダード

ムスリム世界の根本的問題はカリフの不在であり、イスラエル・パレスチナ問題は、ムスリム世界の内部矛盾を隠すための目眩《めくら》ましに過ぎない。しかし残念ながら「現実には」アメリカがイスラエル・パレスチナ問題に対して、アメリカ以外のほぼ全世界が求める一九六七年の第三次中東戦争でイスラエルが占領した東エルサレムを含む占領地からの全面的完全撤退を実現させるかたちで解決しない限り、ウイグル問題に関するアメリカの人権外交はムスリム世界で受け入れられることはなく、かえって中国にアメリカのダブルスタンダードを批判する契機を与えるだけに終わることになるだろう。

自由も民主主義も法の支配も、いくらでも自分に都合よく用いることができる内容空疎な概念に過ぎない。自由とは犯罪でないものに過ぎず、何が犯罪かはそれぞれの社会によって違う。完全に自由な社会など存在せず、自分たちが自由であり他者に自由がないと主張するのは、自分たちの自由を他者に押しつけているに過ぎない。民主主義も参加者と議題を制限すれば、どのような結果でも導くことができる。完全な民主主義は地上に存在する八〇億人のすべての人間があらゆる問題を議題にかけ多数決で決めることができるところにしか存在しない。そもそも他者を排除した特定の集団が予《あらかじ》め決めた事項を多数決で決めただけで自分たちが民主的であり、他者が民主的でない、と言うことなどできない。すべての人間を機械的に平等に意思決定に参加させることからしか民主主義は始まらない。法の支配も同じで、そもそも支配すべき法は何であり、その法を解釈する権限があるのは誰なのか。八〇億の人間のすべてが知りその妥当性を認めている法によってそれが決まっていない限り、法の支配に客観性はない。

西欧は一九世紀に「自由」、「人権」、「平等」、「民主主義」、「法の支配」といった言葉を掲げ、他者であるアジア、アフリカの人びとを野蛮人、未開人として奴隷化し、差別、抑圧、搾取し、一方的に自分たちと相手を差別する不公平な法を押しつけた。それが可能になったのは西欧の理念が正しかったからではなく、西欧の武力が勝っていたからに過ぎない。「自由」、「人権」、「平等」、「民主主義」、「法の支配」のような概念は、「有る」、「無い」と言えるような唯一の普遍的絶対的な価値ではなく、人口、歴史的、地理的、経済的、文化的条件も違うさまざまな国々でそれぞれの条件の関数として「自由」、「人権」、「平等」、「民主主義」、「法の支配」と表象されるようになったに過ぎない。例えば「自由」は時に「法の支配」によって治安上の理由から制限され、「民主主義」の多数決の決定も、時に「人権」に反する、といった理由で無効にされ、「平等」を求める声も、民主的選挙で選ばれた政権によって圧殺される。これらの「理念」は適当に都合よく組み合わせることによってどんな現実でも正当化できるのである。

とはいえこれらの概念は現代では非欧米文化圏においてもポジティブな価値を与えられた支配的なイデオロギーとして流通しており、これらの語はデマゴーグたちによって、「自由の国」、「独裁体制」、「民主主義の擁護者」、「民主主義の敵」のように単純な「善悪二元論」に落とし込まれ不毛な空論に利用されている。

しかし、政治家とは「そういうもの」であり、政治家の発言を批判することにはさしたる意味はない。我々、民間の言論人がなすべきはまず、「国家間」の言語空間で飛び交う政治家や外交官たちのこうした「空語」と、人びとの間で広く共有されている本来の「価値」を腑《ふ》分《わ》けすることである。

例えば、「自由で開かれたインド太平洋」、「クアッド」（日米豪印四カ国戦略対話）などが「価値観外交」の名の下に語られ、その文脈で日本の「ファイブ・アイズ」（United Kingdom–United States of America Agreement）加入（シックス・アイズ）が語られたりする。政治的な同盟関係は短期的な利害打算でなされる。それが美辞麗句で粉飾されることも世の常である。アメリカと日本とインドが、中国、ロシアとの対抗上同盟を組むことの政治的な是非はここでは問わない。

東アジア中華文明圏が共有する価値観に訴える対話的アプローチ

しかし西洋文明圏の覇権国アメリカ、インド文明圏の中核国家インド、中華文明圏の周辺文明日本が「自由」と「民主主義」の価値観を共有しているなどという外交辞令を真に受けては長期的な展望を誤ることになる。西欧の政治学の理論を持ち出すまでもなく私たちは「呉越同舟」（『孫子』）あるいは「同床異夢」（『与朱元晦書《しゅげんかいにあたうるのしょ》』）と四字熟語を口にするだけで察することができる。

儒教の政治思想は、仁政による王化とまとめることができるかもしれないが、それは宇宙論、認識論から、個人の修養、家政、国政、国際政治までを貫く「格物致知誠意正心《せいしん》修身斉家《せいか》治国平天下」（『大学』）という価値観の体系の一部をなしていた。そしてそれらは仁を最高の徳目とする「仁義礼智信」の五常の倫理、日常的な社会関係の「父子有親《しんあり》君臣有義《ぎあり》夫婦有別《べつあり》長幼有序《じょあり》朋友有信《しんあり》」の五倫の教えとして、上は科挙官僚から下は庶民に至る人びとの感情、思考、行動を律する社会規範として機能していた。この儒家の徳治を基本に、法家の法治、道家の無為自然などの教えが中華秩序の政治文化のリソースとなる。これらの諸価値は東アジアが欧米帝国主義列強の手に落ち、西欧的領域国民国家システムに組み込まれた現在もなお東アジア諸国の民衆の間で広く共有されている。私たちは、西洋文明の拡散による欧米の優位の減衰とアメリカの覇権の衰退の時代における東アジアの未来を構想するに当たって、文明論的視点から、改めて過去二世紀を振り返る必要がある。

　現在でも欧米諸国は軒並み先進国ではあるが、アジア・アフリカのほとんどの国が欧米の植民地であった一九世紀における欧米の圧倒的優位とは比べ物にならない。一八世紀には英領東インド会社がインドを軍事的、経済的に支配していったが、一八〇三年にはイギリスはムガール帝国の皇帝を保護下に置き、インドで生産したアヘンを中国に密輸して巨額の利益を得ていた。いっぽうアヘンの密輸入による銀の流出で財政困難に陥った清がイギリス商人からアヘンを没収したのに対し、イギリスは中国に海軍を派遣し戦争になった（アヘン戦争、一八四〇―一八四二年）。敗れた清は多額の賠償金の支払いと香港の割譲、治外法権、関税自主権放棄、最恵国待遇条項承認などが科され、半植民地化への道を歩み始める。イギリスは一八五八年にはムガール帝国を滅ぼし、インドを直轄領化し、一八七七年にはビクトリア女王を君主にいただくインド帝国とし、インドを完全に植民地化した。

　アヘン戦争におけるアジアの大国清のイギリスに対する敗北はすぐさま日本にも伝わり大きな衝撃を与えたが、江戸時代末期には「イギリスのインド進出とその後の植民地化されたインド[*3]という情報が日本人に与えた影響は大き」く、西洋による植民地化に対する深刻な危機感を生んでいた。江戸幕府が華夷《かい》思想に基づく攘夷《じょうい》論を抑えて最終的に開国、西洋化／近代化を目指すことになったのはこの危機感によるものであり、日本の開国、富国強兵政策、西洋化／近代化は内発的なものではなく西欧列強の圧力によるものであった。

＊3　**植民地化されたインド**　アヌシュリー「藤原新也作『印度放浪』に見られる作家のインドイメージ：堀田善衛作『インドで考えたこと』を参照しつつ」大阪大学博士論文、二〇一〇年一二月、九ページ。

中華文明の中核は儒教であり、その母体は漢民族の礼の教えであった。そこから礼を欠く野蛮な周辺民族を徳の高い漢民族の皇帝が徳化するという華夷秩序の世界観が発展したが、中国本土に元や清のような異民族王朝が成立したこともあり、李氏《りし》朝鮮（一三九二—一九一〇年）や黎朝《れいちょう》ベトナム（一四二八—一七八九年）にも自分たちが中華であるとの思想が現れた（小中華主義）[*4]。日本は室町幕府三代将軍足利義満が明により「日本国王」に冊封され華夷秩序に組み込まれたが、徳川時代以降、日本は外交的には冊封体制を離れるが、徳川幕府は儒学を「国教」とし、朱子学によって幕府を正当化した。山鹿素行《やまがそこう》（一六八五年没）は明が異民族によって滅ぼされると日本こそが儒学の正統だとして「日本こそ中国である」と論じ、日本版中華思想は尊王攘夷の理論的根拠になり皇国史観などに影響を与えた。

翻って現在から回顧するなら、日本の開国、明治維新、日清戦争、日露戦争、日韓併合、大東亜戦争に至る過程は、東アジア中華秩序の近代西欧文明の侵攻に対する対応のひとつの在り方であったとみなすことができる。それは漢民族から見た場合、（1）欧米列強と（2）中華秩序におけるモンゴル帝国の後継異民族王朝大清帝国と（3）いち早く西欧化／近代化に適応した新興の異民族王朝である大日本帝国の三つ巴の抗争の中で、後に日本と同方向の西欧型資本主義に適応した国民党とロシア型共産主義に適応した共産党に収斂《しゅうれん》することになる漢民族による中華秩序復興の動きが現れたということであった。

日本が盟主となって満洲国、中華民国（南京政府）、フィリピン共和国、ビルマ国、タイ王国、ベトナム帝国、カンボジア王国、ラオス王国（インドネシアも独立を決定したが実施前に敗戦）とする大東亜共栄圏は異民族王朝（大日本帝国）などによる新しい中華（華夷）秩序形成の実験であったが、仁を欠き王道を外れた軍事力に頼る覇道の支配を行なったため民意を得ることができず失敗に終わった。

中華人民共和国も命名からも明らかなように中華秩序の新バージョンであるが、異民族王朝である大清帝国打倒、大日本帝国への抵抗という漢民族復興運動の時代背景により、偏狭な自民族中心主義に陥り、徳による王化、啓蒙ではなく暴力革命による体制変革を目指す史的唯物論に立脚するため、仁政の王道を外れ、少数民族、すなわち「夷狄《いてき》」を力ずくで支配する覇道の政治を行なうことで、大日本帝国と同じような過ちを犯しているように思われる。

そしてウイグルをはじめとする国内の異民族を抑圧し、「一帯一路」の名の下に軍事力と経

＊4　小中華主義　古田博司「『相互認識』東アジア・イデオロギーと東アジア主義」日韓歴史共同研究第一回報告書、二〇〇五年、二六八―二七〇ページ。

済力を背景に世界に覇権を広げようとする、橋爪先生が呼ばれた「中国共産党帝国」に対しては、自由、民主主義、法の支配の侵害を西欧視点から断罪する対決的アプローチではなく、東アジア中華文明圏が共有する「仁義礼智信」の価値観に訴える対話的アプローチがより有効なのではないか。少なくとも相対的に言論の自由が保障された韓国、台湾のような自由民主主義体制の東アジアの言論人の使命は、日本における西欧思想の漢字熟語への翻訳をも含む漢字文化・中華文明が育んだ価値を共有する東アジアに新しい中華秩序、王道楽土をつくることである。それはまず日本、韓国、台湾を中核とする東アジア漢字文化中華文明圏の「自由民主主義」諸国の緩やかな連邦を結成し、漢字文化・中華文明の価値観の共有に応じて東アジアに放射状に広がる個人、社会、国家のネットワークを構築し、そのソフトパワーを背景に、覇道に堕《お》ちた中国共産党帝国支配下の漢民族をすべての民族を慈しむ仁政の徳治の王道に呼び戻すことに違いない。

新コロナ禍は、欧米人の真理に潜在していた根深い東洋人差別をあぶり出した。非アジア人の圧倒的多数の目には中国人も、日本人も、韓国人もそもそも区別すらできていない、というのが冷徹な事実である。私たちは自分たちが自分であると思うものである前に他者がそうであると思うものである。私たちの名前は自分でつけたものではない。私たちは他者によって名付けられたものとして生まれ育ち、他者との関係の中で自分が何者であるかを決めていく。

アジアとはもともとヨーロッパ人による東方の呼称である。私たちが「アジア人」であるのは西洋人によって「アジア人」とみなされるものだからである。日本が日本を国号とするのは、華夷秩序の中国との関係においてであり、朝鮮半島の統一には日本が大きく関わっていた。現在の私たち日本人も自分自身を客観的に認識し、正しく主体的に行動するためには東アジアの中国と朝鮮を視野に収め、どう対峙するかを決断しなければならない。中国共産党とウイグルの問題もこうしたパースペクティブから考えていくことが今こそ求められていると筆者は考える。そして本書が読者諸賢の考えるヒントとなれば望外の幸せである。

追記　タリバン政権復活で顕在化した上海協力機構の影響力

本書の校了直前、二〇二一年八月一五日、アフガニスタン・イスラーム共和国のアシュラフ・ガニ大統領が海外に逃亡し、首都カブールの大統領府にタリバン（「神学生」を意味するスンナ派イスラーム主義集団）の旗が翻り、アメリカの「最も長い戦争」が終わった。七月二日、バグラム米空軍基地からアフガニスタンのＩＳＡＦ（国際治安支援部隊）が撤収すると、タリバンは次々と支配地を拡大。八月六日に最初の州都としてニムルズ州のザランジがタリバンの手に落ちてからは、カブールが陥落するまでわずか九日であった。

八月一五日は奇しくも七六年前に日本が降伏し、アメリカが世界の覇権国となった日でもあった。そして二〇二一年八月一五日は、二〇〇一年の9・11同時多発攻撃事件の報復としての米軍の空爆によって崩壊したタリバン政権、正式名称「アフガニスタン・イスラーム首長国」の二〇年の時を経ての復権とともにアメリカの世紀の終焉を告げる象徴的な日となるだろう。

タリバンのカブール進撃に先立ち、第五章の最後で触れたとおり、七月二八日、中国がタリバンの政治委員会議長（首相）バラーダル師ら幹部一行を天津に招聘《しょうへい》し、王毅外交部長（外相）自ら公式会談を行なった。このとき、中国は東トルキスタン・イスラーム運動（29ページ＊5参照）をテロ組織と名指しし、絶縁を迫っていた。それに対しバラーダル師は直接には答えず、中国の支援に感謝し、アフガニスタン国内のいかなる組織にも中国に危害を加えることを許さないとだけ述べた（これはウイグル問題の是認を意味しない。紙幅の都合で詳述は避けるが、アフガニスタンにとっては長期の戦乱と腐敗で混乱した国内の安定化が喫緊の課題なのだ）。

さらに動向を遡ると三月一八日にはタリバンはモスクワに招かれ、米露中国パキスタンにより開催されたアフガン和平会議に参加していた。米軍の撤退後にタリバンが復権したアフガニスタンが中露パキスタンの影響圏に入ることがアメリカによって事実上、黙認されたのである。

つまり、七月末に中国が他国に先駆けてタリバンを単独で公式に招聘したことは、中国がタリバンを一帯一路構想実現のためのパートナーに選んだことを意味する。そしてそれは親インドのガニ政権を見捨て、中国－パキスタン同盟にタリバン政権を加えることで、一帯一路構想に対抗する日米豪印四カ国戦略対話（クアッド）の中央アジア進出を挫折させることでもあった。

バイデン米大統領のアフガニスタンからの撤兵はトランプ前大統領のタリバンとの和平合意の実施であり、さらに言えば、オバマ前大統領による、中東から撤退し中国に対抗し、アジアを重視しようという既定路線の政策延長であり、決してアジアの同盟国を見捨てることを含意しない。だが、結果として台湾をはじめとする親米アジア諸国にはそのように受け止められ、アメリカの威信を大きく損なうことになった。他に上海協力機構が存在感を増している事実として、ほぼ同じタイミングの八月一二日にイランが正式加盟を表明している。

かつて軍事介入をしたソ連の崩壊、今回のアメリカの凋落《ちょうらく》をもたらしたアフガニスタンは、インド・ムガール帝国の発祥の地でもあった。アフガニスタンはユーラシアの地政学的焦点、グレートゲームの舞台でもある。タリバンが主導権を握るアフガニスタンの未来は、アメリカの手を離れ、中国、ロシア、イラン、インドのアジアの四つの帝国のせめぎあいの場になり、調整をめぐっては、拡大を続ける上海協力機構がその役割を増していくことが予想されよう。

目次・章扉デザイン／MOTHER
構成／宮内千和子

橋爪大三郎（はしづめ だいさぶろう）

一九四八年生。社会学者。大学院大学至善館教授。著書に『おどろきの中国』（大澤真幸、宮台真司との共著、講談社現代新書）、『一神教と戦争』（中田考との共著、集英社新書）、『戦争の社会学』（光文社新書）等。

中田 考（なかた こう）

一九六〇年生。イスラーム学者。イブン・ハルドゥーン大学（トルコ）客員フェロー。著書に『イスラーム 生と死と聖戦』『イスラーム入門』、『一神教と国家』（内田樹との共著、集英社新書）、『カリフ制再興』（書肆心水）等。

中《ちゅう》国《ごく》共《きょう》産《さん》党《とう》帝《てい》国《こく》とウイグル

集英社新書一〇八四A

二〇二一年九月二二日 第一刷発行

著者……橋爪大三郎《はしづめだいさぶろう》／中田《なかた》考《こう》

発行者……樋口尚也

発行所……株式会社集英社

東京都千代田区一ツ橋二-五-一〇 郵便番号一〇一-八〇五〇

電話 〇三-三二三〇-六三九一（編集部）
〇三-三二三〇-六〇八〇（読者係）
〇三-三二三〇-六三九三（販売部）書店専用

装幀……原 研哉

印刷所……大日本印刷株式会社 凸版印刷株式会社

製本所……加藤製本株式会社

定価はカバーに表示してあります。

 ISBN 978-4-08-721184-9 C0231

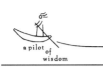